Christoph Hubig | Mittel

D1718746

Edition panta rei | πάντα ῥει

Bibliothek dialektischer Grundbegriffe
herausgegeben von Andreas Hüllinghorst

Band 1 | Christoph Hubig | Mittel

[transcript]

Die **Bibliothek dialektischer Grundbegriffe** ist eine Einführungsreihe in verschiedene Ansätze dialektischen Philosophierens. Weitere Informationen zur Reihe insgesamt als auch zu Autoren und einzelnen Bänden erhalten Sie auf der Internetseite **www.dialectica.de**. Dort haben Sie auch die Möglichkeit, Fragen, die Ihnen bei der Lektüre kommen, an den Herausgeber bzw. an den jeweiligen Autor zu stellen.

Die **Bibliothek dialektischer Grundbegriffe** kann auch **abonniert** werden. Bitte wenden Sie sich an Ihre Buchhandlung oder direkt an den Verlag. Jeder Band kostet dann nur noch 5,50 € (plus Porto).

Die Deutsche Bibliothek • CIP-Einheitsaufnahme

Hubig, Christoph:
Mittel / Christoph Hubig. - Bielefeld : Transcript, 2002
   (Bibliothek dialektischer Grundbegriffe)
   (Edition panta rei)
   ISBN 3-933127-91-2

© 2002 transcript Verlag, Bielefeld
Satz: digitron GmbH, Bielefeld
Druck: Digital Print, Witten
ISBN 3-933127-91-2

Inhalt

Einleitung | Das Mittel oder die Mittel (resp. Technik als Inbegriff der Mittel) scheinen auf den ersten Blick kein spezifischer Gegenstand des Philosophierens zu sein. Denn die Philosophie fragt doch, mit Immanuel Kant (1724–1804) gesprochen[1], nach der Möglichkeit des Erkennens, den Prinzipien des Handelns, der Triftigkeit von Hoffnungen und nach dem Wesen des Menschen. Das Nachdenken über Mittel, unter deren Einsatz wir unser Wissen erweitern, unsere Handlungsziele realisieren, uns zu bestimmten Hoffnungen motivieren oder Ideale unseres Menschseins verwirklichen, mag man den Fachwissenschaften und den Technikern überlassen. Allenfalls, wenn es darum geht, zwischen einer für gut erachteten Zielerreichung und den dabei in Kauf zu nehmenden Nebenfolgen des Handelns abzuwägen, sollte wieder Philosophie gefragt sein, und zwar als Ethik, die die Abwägungsprozesse orientiert, indem sie Rechtfertigungsstrategien anbietet, unter denen die Entscheidung für die eine oder andere Handlungsstrategie begründet werden kann. So gesehen, liegt der Berührungspunkt zwischen dem Philosophieren und der Problematik der Mittel allenfalls im Bereich des ›Strategischen‹, weil dieser Bereich die Klärung von Sinnfragen voraussetzt. Nachgeordnet erscheint der ›operative Bereich‹, in dem wir über die Verwirklichung unserer Ziele disponieren, die in den diversen Philosophien (von den Vorstellungen über Kosmos und Schöpfung über die Philosophien gelingenden Lebens bis hin zu den ›Philosophien‹ von Parteien, Unternehmen oder Sportvereinen) entwickelt werden und nun ›umzusetzen‹ sind. Hier sind die Spezialisten und Technokraten am Werk, die sich mit Mitteln zu beschäftigen haben. Ist damit das Thema erledigt?

Das Mittel oder die Mittel (resp. Technik als Inbegriff der Mittel) sind das zentrale und eigentliche Thema der Philosophie. Denn der Mensch ist wesensmäßig gerade dadurch ausgezeichnet, dass er nicht (mehr) in einem unmittelbaren Verhältnis zur Welt steht. Er ist darauf angewiesen, unter Einsatz eigens entwickelter Mittel die Welt theoretisch zu erschließen und praktisch zu bewältigen. Die Mittel ›vermitteln‹ überhaupt erst seinen theoretischen und praktischen Weltbezug. Und sie vermitteln (hierüber) seinen Selbstbezug, der ihm ebenfalls nicht unmittel-

---

1 | Immanuel Kant, Logik, Einleitung III., Ausgabe Weischedel, Bd. 5, Darmstadt 1975, S. 448

bar gegeben ist. Die Mittel stehen in der Mitte (wie auch die etymologische Herkunft des Wortes im Deutschen, im Lateinischen, in den romanischen Sprachen u. a. signalisiert). Der Mensch ist nicht mehr in einen Kosmos eingebunden, unter einer vorgegebenen Orientierung, für die gilt:»Solchen, die denken wie wir, tanzen alle Dinge selber: das kommt und reicht sich die Hand und lacht und flieht – und kommt zurück. Alles geht, alles kommt zurück; ewig rollt das Rad des Seins. Alles stirbt, alles blüht wieder auf, ewig läuft das Jahr des Seins. [...] Die Mitte ist überall. Krumm ist der Pfad der Ewigkeit.«[2] Diese positive Mitte als Geborgenheit im ewig sich gleich bauenden Haus des Seins, das wegen seiner ewigen Gleichförmigkeit von Parmenides mit einer Kugel verglichen wurde, die von allen Seiten gleich erscheint – diese positive Mitte, von der die Tiere dem Zarathustra vorschwärmen, ist dem Menschen verloren gegangen. Die Fähigkeit zu erkennen, hat er mit der Distanz erkauft, in die ihn die Schlange setzte, und er musste zu seinem Besten, wie Zarathustra meint, böse werden, grausam, die Distanz ausleben und sich an seinem Klagen erfreuen. Denn nur diese Klage verschafft ihm allenfalls *ex negativo* eine Vorstellung der verlorenen Vollkommenheit, die er nun eigenmächtig unter immer weiter perfektioniertem Mitteleinsatz und weiter vorangetriebener Vermittlung zu erreichen sucht, begleitet vom »Ekel«[3] über seine eigene Unvollkommenheit. Diese könnte er nur überwinden, wenn er, wie Heinrich von Kleist (1777–1811) in seinem Artikel *Über das Marionettentheater* schreibt, zum »zweiten Male vom Baume der Erkenntnis essen« könnte, um »in den Stand der Unschuld zurückzufallen«.[4] Für den Menschen ist somit die Mitte auch ›überall‹, jedoch als Vermittlung, die von seiner Distanz kündet, und die, wenn er sie unter seine subjektiven Zwecke stellen will, in deren Vielfalt und Beliebigkeit den Verstand, wie Georg Wilhelm Friedrich Hegel (1770–1831) schreibt, »ekelhaft affiziert«.[5] Wie sollte er sich selbst zur Mitte machen können?

---

2 | Friedrich Nietzsche, Also sprach Zarathustra, Ausgabe Schlechta, Bd. 2, München 1969, S. 463

3 | Ebd., S. 465

4 | Heinrich v. Kleist, Über das Marionettentheater, Ausgabe Flemmer, München 1968, S. 127

5 | Georg Wilhelm Friedrich Hegel, Wissenschaft der Logik, Ausgabe Lasson, im Folgenden zitiert als WL, Bd. 2, Hamburg 1969, S. 387

Können wir uns vermittels der Mittel, die wir einsetzen, selbst erlösen? Oder überantworten wir uns dabei immer mehr den Mitteln und werden *a limine* selbst zu technischen Konstrukten? Sind ›Mittel‹ also Thema einer hochspekulativen Philosophie?

Zwischen diesen beiden konträren Positionen, einem philosophieabstinenten Instrumentalismus und einer theologisch inspirierten Spekulation – Haben die Mittel den Verlust eines vorgängig Guten zu kompensieren? Oder schaffen wir allererst das Gute auf dem Boden unvollkommener Natur? – vermag nun gerade ein Philosophieren, welches sich als dialektisches versteht, einen Weg zu eröffnen: Es richtet sich auf das Verhältnis zwischen gesetzten Begriffen und Vollzügen. Die Instanz, von der aus dieses Verhältnis beleuchtet wird, ist die Reflexion. In ihr erscheint das Bewusstsein, welches seine Begriffe setzt, nur als Moment eines Prozesses, nicht als Souverän. Es erscheint als etwas, welches sich gegen ein ihm Anderes, gegen die ›Objektivität‹ abgrenzt. In der dialektischen Reflexion wird der Bezug des die Begriffe setzenden Bewusstseins zur Objektivität, von der es sich distanziert hat, wieder hergestellt. Da es aber, sofern es denkt, diese Objektivität nur unter seinen gesetzten Begriffen zu denken vermag, somit das objektive Einzelne immer nur als Allgemeines erfasst (nämlich unter einem Prädikat), bleibt es in seiner Begrifflichkeit befangen – und steht im Banne der Vermittlung –, solange nicht dieser Vermittlungszusammenhang, der die Distanz fortschreibt, ›gesprengt‹ wird. Solcherlei kann nur vermittels einer Reflexion vollzogen werden, die auf das Scheitern der begrifflichen Identifizierungsansprüche abhebt, die das »Gehemmtsein«[6] aufweist, das sich einstellt, wenn der Anspruch der Vermittlung eingelöst werden soll. Ein solcher Aufweis gelingt jedoch nicht im Theoretischen, sondern im Modus der Anschauung. Dieser Modus reagiert auf eine scheiternde Praxis, auf Störungserfahrungen beim Handeln, auf Mühsal und Ekel, auf Verluste und Entfremdung, kurz: auf dasjenige, was sich beim *Einsatz* von Mitteln einzustellen vermag. Wenn das Theoretische ›ausgereizt‹ ist, erfahren die Mittel und der Einsatz der Mittel ihre Geltung als Motor des Fortschritts einer Reflexion, deren Gelingen sich in vollkommeneren Handlungsvollzügen,

---

6 | Vgl. Georg Wilhelm Friedrich Hegel, Phänomenologie des Geistes, Ausgabe Hoffmeister, im Folgenden zitiert als PhG, Hamburg 1952, S. 149

und zwar in deren Gesamtheit, erweist, also in einem vollkommeneren Lebensvollzug. Was heißt aber ›vollkommen‹?

Vollkommen ist der Lebensvollzug, wenn er Zweck seiner Zwecke (Aristoteles' εὐπραξία, *eupraxia*, guter Gesamtlebensvollzug) ist sowie Zweck desjenigen ist, was den Zwecken gegenübersteht: die Mittel. Sie wären ihrerseits vollkommen, wenn sie die Einheit mit ihrer Setzung als Mittel und dem, was ihnen gegenübersteht, wenn sie also die Einheit der äußeren Realisierung als Ereignisse darstellten. Wir finden hier die Grundfigur der Dialektik: In der Reflexion[7] ist die Einheit (Identität) einer gesetzten Einheit und desjenigen, von dem sie sich abgrenzt, aufzusuchen, d.i. eine Einheit als Gattung ihrer selbst und des ihr Gegenüberstehenden (nicht des logischen Gegensatzes).[8] Dialektische Reflexion zielt somit auf die Aufhebung des Widerspruchs zwischen der vollzogenen Setzung bzw. Konkretion (Hegels »Für-Sich«) sowie dem, was dabei ausgeschlossen ist einerseits, und der realen Möglichkeit (Hegels »An-Sich«) als ursprünglichem Bestimmungsanspruch andererseits. Die Aufhebung eines solchen Widerspruchs vollzieht sich, indem die dialektische Reflexion die Ebene aufsucht (Hegels »An-und-Für-Sich«), auf der sich die Bestimmbarkeit (als Inbegriff des Bestimmt-werden-Könnens) manifestiert. Sie zielt also auf die Aufhebung des Modalgefälles zwischen der Möglichkeit des Bestimmens und deren Verlust in der wirklich vollzogenen Bestimmung angesichts deren ›Negativität‹, qua Ausschluss bzw. Negation des als Anderes Bestimmten. Für ›Mittel‹ finden wir diese Problematik in der Relation zwischen dem gesetzten Mittel als Element eines Handlungs*konzeptes* und dem Mittel als Ereignis oder Ding. Dasjenige, von dem sich eine begriffliche Setzung mit ihrem Identifizierungsanspruch abgrenzt, lässt sich aber nicht im Modus der Theorie erfahren. Wir sind auf das Tun und die mit ihm einhergehenden Erfahrungen verwiesen, die gleichwohl einer begrifflichen Identifizierung bedürfen. Dies verdeutlicht, dass eine dialektische Reflexion sich in einem nie abschließbaren Prozess bewegt, es sei denn, man unterstellt idealistisch, dass die autonome Vernunft sich in einer ihr unterworfenen Welt voll-

Ziel der Reflexion

---

7 | Zu weiteren Überlegungen zum Reflexionsbegriff siehe in der »Bibliothek dialektischer Grundbegriffe« den Band »Reflexion« von Jörg Zimmer.

8 | Vgl. Josef König, Das System von Leibniz, in: Vorträge und Aufsätze, Freiburg/Br. 1978, S. 32–34

ständig zu verwirklichen vermag. Die Kritik hieran, sei sie aus marxistischer oder existenzphilosophischer Perspektive formuliert, konzentriert sich auf den Träger dieser Vernunft. Angesichts der Endlichkeit realer Menschen, auch der Kollektive, der Generationen oder der Gattung, verfehlt jener idealistische Vernunftanspruch seinen Bezugsbereich.

Vorgehensweise Nachfolgend soll nun jene ›Dialektik der Mittel‹ schrittweise erschlossen werden, indem die begrifflichen Setzungen, unter denen wir über Mittel nachdenken, reflektiert werden. Die Reflexion beginnt mit einer Analyse der geläufigen Verbindung von Mittel und Zweck, fährt dann fort mit der Frage nach deren Ermöglichungsgrund, nach der Verbindung von ›Medialität‹ und *möglichen* Zwecken, fragt weiter nach dem System der Mittel, also nach der Totalität der von uns als verfügbar erachteten Welt, und rekonstruiert von dort aus nochmals die Rolle des Einsatzes von Mitteln – d.i. Praxis im weitesten Sinne – für die Möglichkeit von Reflexion unter der Frage nach dem Verhältnis von ›Mitteln‹ und Arten der Selbst- und Welterschließung, sowie unter der Frage nach dem Modellcharakter von Mitteln, nach ihrer Orientierungsfunktion.

Mittel als **Mittel und Zwecke** | Allgemein verstehen wir unter Mitteln
Zuhandenes: diejenigen Handlungsereignisse (*act tokens*) oder – im eigent-
Die wechselseitige lichen Sinne – diejenigen Gegenstände und Artefakte, die ge-
Bedingtheit von eignet sind bzw. sich in ihrer Eignung bewährt haben, unsere
Mitteln und Handlungszwecke zu realisieren. Mit Hegel und John Dewey
Zwecken (1859–1952) können wir diese Mittel als »äußere Mittel« be-
zeichnen.[9] Elementare Handlungszwecke sind Wandlung,
Transport oder Speicherung von Materie, Energie oder Information. Analog können wir solche Zwecke auch als »äußere Zwecke«[10] bezeichnen. Die Bestimmbarkeit eines Gegenstands oder eines Handlungsereignisses als Mittel hängt ab von der Möglichkeit einer Zuordnung zu einem Zweck oder mehreren Zwecken aus dem erwähnten Spektrum. Für sich gesehen sind

---

9 | Georg Wilhelm Friedrich Hegel, WL, S. 395, 398; vgl. seine Vorlesungen über die Philosophie der Religion, in: Vorlesungen, Bd. 4, Hamburg 1985, S. 327: »Menschlich technisches Produzieren ist äußerlich.«; John Dewey, Erfahrung und Natur, Frankfurt/M. 1995, S. 128, S. 351; ders., Kunst als Erfahrung, Frankfurt/M. 1980, S. 229
10 | Georg Wilhelm Friedrich Hegel, WL, S. 400 f.

Gegenstände oder Ereignisse keine Mittel. Umgekehrt hängt aber auch die Bestimmbarkeit von Zwecken an der Identifizierung von geeigneten und bewährten Mitteln. Denn damit ein Sachverhalt wirklicher Handlungszweck wird, genügt es nicht, ihn bloß zu kennen und zu wollen – dann sprechen wir von Visionen oder Wünschen –, sondern er muss auch in der Handlungssituation für herbeiführbar gehalten werden, und dazu ist das Gegebensein von Mitteln notwendige Voraussetzung. Mittel und Zwecke bedingen sich also in einer noch genauer zu klärenden Weise gegenseitig.

Wie lernen wir Zwecke und Mittel kennen? Zu unseren Antrieben, elementaren Bedürfnissen und daraus resultierenden Wünschen stehen wir zunächst in einem *unmittelbaren* Verhältnis. Dass die Wunschbefriedigung zu einem Handlungszweck werden kann, erfahren wir im Zuge eines Gelingens, das sich einstellt, nachdem wir »unmittelbar« und »irgendwie« angefangen haben, so Hegel im Abschnitt zum *Geistigen Tierreich* in seiner *Phänomenologie des Geistes*.[11] Wir lernen Zwecke als Zwecke erst aus der (elementaren) Tat kennen.[12] Dasselbe gilt entsprechend auch für die Mittel, und es gilt analog auch für die Kenntnis ›unmöglicher‹ Handlungszwecke und nicht geeigneter Mittel, die aus Erfahrungen des Misslingens und Scheiterns erwächst. Kurz: Wir erfahren Mittel-Zweck-Komplexe in einer »Bewandtnisganzheit«, inkorporiert im »Zuhandenen« des »Zeugs«, indem sich das »Worumwillen« der Dinge antreffen lässt.[13] Wir finden uns in solchen Traditionen der Bewährtheit von Dingen und entsprechenden Nutzungsroutinen in der Welt verortet. Diese Bewährtheitstraditionen sind in ihrer Selbstverständlichkeit zunächst nicht Gegenstand eines expliziten Vorstellens. Das erklärt auch, warum die Herausbildung solcher Routinen, die der Vorstellung nicht disponibel erscheinen, eine gewisse Kulturinvarianz im Bereich elementaren Tuns aufweist.[14] Die Mittel stehen als *causae medii* inmitten der Verkettung des Handelnden,

---

11 | Ders., PhG, S. 288

12 | Vgl. ebd.

13 | Martin Heidegger, Sein und Zeit, Tübingen 1967, S. 84

14 | Vgl. Peter Janich, Die Struktur technischer Innovationen, in: Dirk Hartmann/Peter Janich (Hg.), Die kulturalistische Wende, Frankfurt/M. 1998, S. 151

die *causa efficiens*, und dem Ziel, die *causa ultimi* resp. *finalis*, die in ihrer Dreiheit die Vollzüge der Handlungen prägen.[15]

Durch eben diese *causae medii*, als Einsatz von Mitteln, unterscheiden sich Zivilisationen von magischen Praktiken, in denen eine unmittelbare Teilhabe an Vollzügen äußerer oder innerer Natur, sei es im Agieren oder im Vorstellen, versucht wird. Solche Praktiken werden nach Maßgabe ihrer Ähnlichkeit oder Teilhaftigkeit an und mit der Natur validiert.[16] Unter den Gesetzen der Ideenassoziation als »Ähnlichkeitsassoziation« oder »Berührungsassoziation«[17] unterwirft sich der Mensch »fremden Gewalten, denen er das Ganze des Seins anheim gibt«.[18] Es wird also eine Vorform von Kausalität unterstellt, die aber als eine nicht vom Menschen intentional auslösbare vorgestellt wird. Der Einsatz von Mitteln setzt das Subjekt in ein Verhältnis zur äußeren und inneren Natur, die dadurch zum Gegenstand eines Umgangs mit ihr wird. Ernst Cassirer (1874–1945) hat dieses Verhältnis, wie ich meine vorschnell, als »Distanz« charakterisiert[19], was aber voraussetzt, dass diese Natur prinzipiell als das Andere vorstellbar wäre. Als Relatum eines Verhältnisses erscheint sie aber nur vermittels des Einsatzes eben der Mittel. Und erst dessen Scheitern würde die Andersheit zum Vorschein bringen, zugleich aber auch eine ›Andersheit‹ der Mittel, die dann eben nicht mehr als Mittel erscheinen, weil ungeeignet.[20]

Die mythologische Herkunft In der abendländischen Mythologie wird paradigmatisch die Göttin Athene als die Begründerin der Technik, als Begründerin von Bewährtheitstraditionen des Mitteleinsatzes vorgestellt. In ihrer widernatürlichen Herkunft als Kopfgeburt des Zeus drückt sich die negierte Verbindung mit einer ursprünglichen Natur aus. Der Einsatz von Mitteln, den Athene vorstellt, wird im elementaren Sinne als τέχνομαι, *technomai*, ›Weben‹ bzw. ›Zusammenfügen‹ präsentiert, und zwar als Weben von Naturmaterialien (Re-

---

15 | Thomas von Aquin, Summa theologica I, qu. 2, a. 3 (Editio altera romana), Rom 1923, S. 30

16 | Vgl. hierzu die Darstellung in Ernst Cassirer, Form und Technik, in: ders., Symbol, Technik, Sprache, Hamburg 1985, S. 53–59

17 | James G. Frazer, The Goulden Bough, Part I, The Magic Art and the Evolution of Kings, London 1911, Vol. I, chap. 3 und 4

18 | Vgl. Ernst Cassirer, Form und Technik, a.a.O., S. 56

19 | Ebd., S. 59 f.

20 | Darauf werden wir noch zurückkommen.

altechnik des Bekleidens und Bauens etc.) zum Zwecke des materiellen Überlebens und als Weben von Vorstellungen und Affekten in Versen (Intellektualtechnik des Umgangs mit Zeichen) zum Zwecke der Beherrschung und des Erträglichmachens dieser Vorstellungen und Affekte – »webte in wohldurchdachtem Maße«, sodass man auf die Klage gar tanzen konnte.[21] Ein dritter Aspekt ist das Weben von regelgeleiteten Vollzügen bzw. Sozialbeziehungen (Sozialtechnik der Koordination von Interessen und Wünschen) zum Zwecke der Konfliktbereinigung (dargestellt in den *Orestien*). Als Mittel erscheinen zunächst die äußeren Vollzüge der Handlungen der Athene. Solche Vollzüge gehen auf und machen sich in der Zweckrealisierung überflüssig – »vernichten sich«, so Hegel; »cease«, so Dewey; »verschwinden«, so wieder Hegel).[22] Gegenstände und Handlungsereignisse, also ›Welt‹, werden im Lichte ihrer Eignung und Bewährtheit für die Realisierung von Zwecken, eben als Bewandtnisganzheiten, gefasst.

Auf dieser Anschauung basiert auch die geläufige, wie wir aber sehen werden, durchaus problematische Vorstellung einer Verknüpfung von Mitteln und Zwecken in Hierarchien, in denen Zwecke ihrerseits Mittel für höherstufige Zwecke werden sollen. Dies setzt voraus, dass Mittel und Zwecke kategorial auf der selben Ebene liegen, also Ereignisse sind. Und in der Tat gilt dies durchaus, sofern die jeweiligen Zwecke realisiert sind, und dadurch Ursachen für eine Wirkung höherer Zweckrealisierung, also Mittel sein können. Dieser Sonderfall erreicht aber weder unsere Vorstellungen von ›Zweck‹ noch von ›Mittel‹ in Gänze. Denn gerade ein nicht realisierter Zweck, also ein bloß als gewollt und herbeiführbar vorgestellter *Sachverhalt*, dessen Realisierung wir erhoffen, richtet doch unser Handeln aus, und ein Ereignis wird doch gerade als Handlungsereignis und somit als Mittel charakterisiert, wenn es auf einen solchen Zweck ausgerichtet ist, durchaus ungeachtet seines möglichen Scheiterns.[23] Wir bewegen uns hier nicht mehr auf der Ebene von Ereignisverkettungen, sondern auf derjenigen von Gründen [Mittel als

Mittel-Zweck-Hierarchien?

21 | Pindar, 12. Pythische Ode, in: Die Dichtungen, Ausgabe Wolde, Leipzig 1942, S. 121 f.

22 | Georg Wilhelm Friedrich Hegel, WL, S. 401 f.; John Dewey, Kunst als Erfahrung, a. a. O., S. 229; Georg Wilhelm Friedrich Hegel, PhG., S. 293

23 | Daher ist ja auch eine versuchte Zweckrealisierung u. U. strafbar.

Grund, wodurch eine Absicht ihre Wirklichkeit (Zweck) erreichen *soll*, und Zweck als Grund für die Auszeichnung eines Dinges bzw. Ereignisses als Mittel].[24] Wie gelangen wir zu solchen Vorstellungen von Gründen als Verkettungen von Sachverhalten?

Mittel als Vorhandenes: Gestörte Handlungsvollzüge

Sofern auf der dinglichen Ebene der Ereignisverkettung Bewandtnisganzheiten und Nutzungsroutinen gestört werden, sei es im Zuge scheiternder Zweckrealisierung oder sei es bedingt durch die Abnutzung oder den Verbrauch von Mitteln, die eine wiederholte Zweckrealisierung dann verhindert, wird diese Mittelhaftigkeit als Problem bewusst. Es entsteht die Notwendigkeit einer Auseinandersetzung mit diesem Problem, z.B. mit der Reproduktion und Verbesserung von Mitteln. Solche Notwendigkeit sprengt unseren Umgang mit dem Zuhandenen, im Sinne von Gegenständen und Gegenstände einsetzenden Handlungsereignissen, und führt zu einer Vorstellung von Gegenständen als nicht mehr Zuhandenem, sondern »Vorhandenem«. Martin Heidegger (1889–1976) fasst dieses Phänomen als »Auffälligkeit«, »Aufsässigkeit« und »Aufdringlichkeit« des vormals selbstverständlichen »Zeugs«, welches nun die Mittel zu vorgestellten Dingen werden lässt, eben zu »Vorhandenem«.[25] Die Dinge, zu denen wir uns in einem unreflektierten Verhältnis der Einheit des In-der-Welt-Seins befanden, werden nun in einem emphatischen Sinne Gegen-stände. Sie können nunmehr zu Kandidaten eines bewussten Disponierens mit Blick auf ihren Charakter als mögliche (oder unmögliche) Mittel werden, als Elemente von Handlungsschemata (*act types*), in die sie eingebettet sind. Hegel hatte jene Widerstandserfahrung als »Hemmung der Begierde« gefasst; im Zuge dieser Hemmung wird die Andersheit der Mittel einschließlich des arbeitenden Subjekts, sofern es sich als Mittel versteht, ersichtlich. Damit erst werden die Mittel (und das arbeitende Bewusstsein) vorstellbar (was

---

24 | Vgl. Theodor Ebert, Zweck und Mittel. Zur Klärung einiger Grundbegriffe der Handlungstheorie, in: Allgemeine Zeitschrift für Philosophie, 2/1977, S. 21 ff.

25 | Martin Heidegger, Sein und Zeit, a.a.O., S. 74. Dass höherstufig die Zuhandenheit selbst uns als auffällige Vorhandenheit vorgestellt wird, als Dienlichkeit (als solche) des Zeugs, vermögen wir nur zu erfahren, wenn wir aus der Bewandtnisganzheit herausgestellt sind: im ästhetischen Erlebnis *vor* dem Kunstwerk (vgl. ders., Der Ursprung des Kunstwerks, Stuttgart 1960, S. 30-32).

demjenigen Bewusstsein, das nur in Ansprüchen und Wünschen denkt, verstellt bleibt).[26]

Wir finden hier den ersten dialektischen Kern der Mittelproblematik. Als vorgestelltes Mittel ist ein Mittel nur ein mögliches Mittel, als verwirklichtes Mittel im Mitteleinsatz unterliegt es zahlreichen Zufälligkeiten, die die Zweckrealisierung verhindern können. Von vorgestellten 100 Talern – frei nach Kant – kann man sich nichts kaufen. Gleichwohl sind Gegenstände, die als Mittel *vorgestellt* sind, als Potenziale »ehrenvoller« als ihre Leistungen[27], weil sie der Kontingenz ihrer Verwirklichungsleistung nicht unterliegen.[28] Sie sind »Träger assertorischer Gewißheit dessen, was sein kann«[29], und die »äußeren Mittel« (Mittelereignisse) stellen nur ihre Aktualisierungen dar. John Dewey bezeichnet sie als »immanente Mittel [...] innerer Tätigkeiten«.[30] Als Inbegriff einer realen Mittel-Möglichkeit können solche Mittel-Konzepte nur in ihren Spuren (Gelingen, Misslingen, Überraschtwerden etc. beim Gebrauch) exemplifiziert werden. (Von »Spuren« sprechen in diesem Kontext nicht nur die postmodernen Verfechter eines Dekonstruktivismus, die sich dagegen wenden, Werke als realisierte Zwecke ungebrochener Intentionalität zu sehen, sondern spricht z. B. mit seinem Begriff »outcome« bereits Dewey.[31]) Ein solches Konzept von Mittel als »Geist des Werkzeugs« – so Cassirer mit Max Eyth[32] –, als Inbegriff einer möglichen Funktion, übersteigt in einer Hinsicht den Gebrauch, von dem er sich abgrenzt, d. h., er umfasst weitere Möglichkeiten als die realisierten; andererseits ›übersteigt‹ der Gebrauch die Funktion insofern, als er Möglichkeiten instanziiert – eben als »outcome« –, die vormals nicht vorstellbar waren. So lernen wir Zwecke (und Mittel) »aus der Tat« kennen (Hegel).

Solchermaßen gefasst, sind Mittel ein »Bestand« (Heidegger,

Dialektik der Mittel

---

26 | Vgl. Georg Wilhelm Friedrich Hegel, PhG, S. 147–149

27 | Georg Wilhelm Friedrich Hegel, WL, S. 398

28 | Sie »erhalten sich«, ebd., S. 398; vgl., PhG, S. 294

29 | Ernst Cassirer, Form und Technik, a. a. O., S. 81

30 | John Dewey, Kunst als Erfahrung, a. a. O., S. 229 f. Die Charakterisierung »innerer Tätigkeit« erinnert an Aristoteles' Praxiskonzept.

31 | Ebd., »outcome«; vgl. Jacques Derrida, Grammatologie, Frankfurt/M. 1983, S. 109 u. ö.

32 | Ernst Cassirer, Form und Technik, a. a. O., S. 50

Cassirer)[33] von realen Formen bzw. Möglichkeiten realer und in-
tellektualer Weltkonstitution. In ihrer Gesamtheit machen sie ein
»Sys-tem«, ein Zusammengestelltes, ein »Ge-stell«[34], eine her-
gestellte Ordo (*dispositorum*) aus. Innerhalb ihrer Spielräume
können Mittel als Ereignisse aktualisiert werden und stehen damit den Mittelkonzepten gegenüber, und zugleich überschreitet
die Aktualisierung der Mittel die in der Ordo konzeptualisierten
Merkmale. Wie ist dieser dialektische Widerspruch aufzulösen?
Wie ist die Einheit für das Mittel zu finden, die Gattung für Mittel
und des den Mitteln Gegenüberstehenden ist, seine Aktualisierung als Anderes? Wie ist das Modalgefälle zwischen dem Mittel
an sich (reale Möglichkeit) und dem Mittel für sich (Verwirklichung als Setzung) und zugleich deren Negation in der Aktualisierung als »Anderem«, die unter mechanischen Zwängen steht,
aufzulösen? Wie kann dieses Modalgefälle seinerseits auf seinen
Grund geführt werden?

Zunächst mag es zielführend erscheinen, den Widerspruch
zwischen den kategorialen Ebenen (Grund bzw. Sachverhalt – Ereignis bzw. Aktualisierung) in analytischer Absicht durch eine
Untersuchung der Bedingungen bzw. des Bedingungsgefüges zu
einer Lösung zu bringen. Eine Fassung von Mitteln als *notwendige* Bedingung wäre einerseits zu schwach, weil notwendige Bedingungen nichts realisieren können. Eine solche Bedingung
käme aber der Intuition entgegen, dass auch scheiternde Handlungen Mittel sind. Eine Fassung von Mitteln als *hinreichende*
Bedingung kommt zwar der Intuition entgegen, dass äußere Mittel austauschbar sind, lässt aber auch zufällige Zweckrealisie-
rungen als Handlungen erscheinen. Eine starke Fassung, die unter Mittel die Gesamtheit der notwendigen und hinreichenden
Bedingungen einer Zweckrealisierung begreift, macht diese mit
der Zweckrealisierung äquivalent und unterstellt damit bereits
eine Identität, die aber doch als nicht gegeben wahrgenommen
und allererst hergestellt werden soll. Wir bräuchten in jenem Falle nicht mehr nach der Einheit zu suchen, könnten auf den Begriff der Mittel verzichten und nur noch über realisierte Zwecke
sprechen.

---

33 | Ebd., S. 64; Martin Heidegger, Die Frage nach der Technik, in:
ders., Vorträge und Aufsätze, Pfullingen 1954, S. 23
34 | Ebd.

Die dialektische Reflexion der Mittel | Wir sind somit auf die Notwendigkeit einer dialektischen Reflexion verwiesen, die unter dem Problemdruck steht, den dialektischen Widerspruch für ›Mittel‹ aufzulösen. Der maßgebliche Versuch hierzu findet sich im Kapitel *Die Teleologie* in Hegels *Wissenschaft der Logik*. Hegel bringt die beiden kategorialen Ebenen der Konzeptualisierung eines Vorhandenen als Mittel und der Aktualisierung eines äußeren Mittels zur Realisierung eines äußeren Zwecks dadurch zusammen, dass er den klassischen (aristotelischen) Syllogismus, unter dem wir Handeln modellieren, reflektiert. Im praktischen Syllogismus formuliert die erste Prämisse das für gut Gehaltene als τελος (*telos*, Ziel) die zweite Prämisse thematisiert die Möglichkeit seiner Realisierung, und die *conclusio* leitet daraus die verwirklichende Handlung her, basierend auf der Entscheidung, die der Orientierung auf das Ziel und der Überlegung über die Eignung eines Handlungsereignisses als Mittel geschuldet ist. In einem Zugriff, der von manchen als »kühn« empfunden wird[35], nutzt Hegel nun die Doppelbedeutung von ›Medium‹ als Begriff für äußere technische Mittel *und* als Begriff für den Mittelbegriff des Syllogismus, der die Verbindung zwischen der ersten Prämisse (etwas erstreben) und der *conclusio* (Handlung ausführen) herstellt.

Diese Idee wurde später u. a. von Ernst Cassirer wieder aufgenommen.[36] Blickt man freilich auf die Tradition der Topik als Lehre von den Gesichtspunkten theoretischer und zugleich praktischer Welterschließung, so erscheint dieser Zugriff keineswegs als derartig originär, wenngleich im zeitgenössischen Kontext eine solche Option nicht im Diskussionshorizont gelegen haben mag. Denn schon »den ersten Sprachphilosophen im Kreise unseres europäischen Denkens war der Gedanke an eine solche Wesensverwandtschaft (der Mittel und Mittelbegriffe) nicht fremd. Sie fassten das Wort und die Sprache nicht in erster Linie [...] als Mittel der *Beschreibung* der äußeren Wirklichkeit auf, sondern sie sahen in ihm ein Mittel zur *Bemächtigung* der Wirklichkeit. Die Sprache wurde ihnen [...] zum Werkzeug [...]. Der ›Logos‹

---

35 | So u. a. Anton Hügli, Artikel ›Mittel‹, in: Historisches Wörterbuch der Philosophie, Bd. 5, Basel 1980, Sp. 1435

36 | Vgl. Ernst Cassirer, Form und Technik, a. a. O., S. 50 f., S. 61 f.

selbst [...] erscheint somit hier [...] in ›instrumentaler‹ Bedeutung«[37], bemerkt Cassirer.

Der Syllogismus des Handelns   In der hegelschen Rekonstruktion[38] wird in der ersten Prämisse der Zweck »subjektiv« und »abstrakt« als solcher gesetzt, was impliziert, dass diesem Zweck ebenfalls subjektiv bereits die Herbeiführbarkeit durch ein Mittel zugeschrieben wird. Modern reformuliert könnte man es auch so ausdrücken: Eine Handlungsoption wird als erstrebenswert erachtet; mit ihrer Annahme als Ziel wird der »Trieb« zu ihrer Realisierung (Hegel) ausgedrückt. Der subjektive Zweck erscheint als real möglicher, als Ansich. In der zweiten Prämisse wird nun ein äußeres Mittel (ein Ereignis bzw. Gegenstand) als vorhandenes Potenzial identifiziert, also als dasjenige gesetzt, welches in seiner Aktualisierung das subjektiv angenommene Mittelkonzept erfüllt. In der *conclusio* wird ausgedrückt, dass der Handelnde nun durch dieses äußere Mittel einen »objektiven« (d. h. gegenständlichen), äußeren Zweck realisiert. Dieser äußere Zweck unterscheidet sich als objektiver Zweck von dem subjektiven Zweck. Er trägt die ›Spur‹ des äußeren Mittels, erscheint also – moderner ausgedrückt – gegenüber dem subjektiven Zweck überdeterminiert, weil er mehr (insbesondere kontingente) Merkmale aufweist als dieser, und erscheint zugleich unterdeterminiert, weil er die Totalität einer vorausgesetzten Zielorientierung nur in einer Hinsicht erfüllt und die alternativen Optionen ›negiert‹. Das subjektiv angenommene Mittel ist hier der Mittelbegriff, der die Verbindung zur Zweckannahme (erste Prämisse) und zur Zweckrealisierung durch ein äußeres Mittel (*conclusio*) dadurch herstellt, dass ein äußeres Mittel als für die subjektive Handlung einschlägig erachtet wird.

A intendiert, dass P→Q   (P und Q ›subjektiv‹, d. h. als
                             real möglich vorgestellt)

(äußeres) M ist P   (Q′ als objektiver, realisierter
_____   Zweck)
A realisiert (durch M) Q′

Über die Differenzerfahrung zwischen Q als subjektivem und Q′ als objektivem Zweck (Werk) mit seiner ›Spur‹ (s. u.) des äuße-

---

37 | Ebd., S. 51; vgl. Ernst Hoffmann, Die Sprache und die archaische Logik, Tübingen 1925, S. 28 ff.

38 | Georg Wilhelm Friedrich Hegel, WL, S. 391–406

ren Mittels (Aktualisierung) registriert der Handelnde A überhaupt erst den Unterschied zwischen P als Potenzial und dem äußeren Mittel (»Gegensatz des Wollens und Vollbringens«).[39] Er erfasst dadurch überhaupt erst die Mittelhaftigkeit des Mittels als Mittelbegriff zwischen Handlungskonzept und Handlungsvollzug einschließlich seines Resultates. Er erfasst überhaupt erst den Unterschied zwischen Handlungsvollzug (*act token*) und Handlungskonzept (*act type*), den wir oben schon bemerkt, aber noch nicht pünktlich rekonstruiert sahen. Dadurch aber wird dem handelnden Bewusstsein überhaupt erst die Möglichkeit eröffnet, sich von seinem Handlungsresultat zu distanzieren, sich nicht in seinem Werk zu ›verlieren‹, obwohl (und gerade weil) dieses Resultat erst durch das Handeln gezeitigt wurde. Denn das handelnde Bewusstsein wird dessen gewahr, dass es zwischen sich und dem Handlungsertrag das Mittel »eingeschoben« hat, dem nun die Last der defizitären Zweckrealisierung zugeschrieben werden kann.[40] Dieses von Hegel herausgestellte »Dazwischenschieben«, ist Ausgangspunkt der marxschen Analyse des Arbeitsprozesses. »Das Arbeitsmittel ist ein Ding oder ein Komplex von Dingen, die der Arbeiter zwischen sich und den Arbeitsgegenstand schiebt [...].«[41] U.a. hebt auch Helmuth Plessner (1892–1985) in seiner Anthropologie diese Verfasstheit, als Element einer »exzentrischen« Bezugnahme des Ichs auf sich hervor.[42] Die magische Einheit ist verloren, »sobald das Tun in die Form der Mittelbarkeit übergeht; sobald sich zwischen den Menschen und sein Werk das Werkzeug drängt.«[43] Cassirer trifft in dieser »passivischen« Formulierung durchaus den Punkt, dass das Mittel eben nicht bloß rein intentionale Hervorbringung ist, sondern etwas, das äußeren Bedingungen unterliegt, die nicht disponibel sind, und das Mittel eben gerade deshalb »sich drängt«. Allerdings hat er, wie wir sehen werden, diese Pointe nicht hinreichend in seiner Gesamteinschätzung der Medialität gewichtet.

Für Hegel erlaubt dieses »Dazwischenschieben« aber nun

---

39 | Ders., PhG, S. 293

40 | Ebd., S. 398; vgl. ders., PhG, S. 147, S. 293

41 | Karl Marx, Das Kapital, Bd. 1 (MEW 23), Berlin 1959, S. 194

42 | Hellmuth Plessner, Die Stufen des Organischen und der Mensch, Schlusskapitel, Frankfurt/M. 1981

43 | Ernst Cassirer, Form und Technik, a.a.O., S. 75

der Vernunft, sich über weiteres zu vergewissern: Einerseits führen die äußeren Mittel ein gleichgültiges Dasein und unterliegen den Gesetzmäßigkeiten der Natur, »vernichten sich«, »reiben sich auf« und führen zu äußeren Zwecken, die ihrerseits wieder eine »Progression« von Mitteln eröffnen, die aufgrund ihrer Äußerlichkeit nie zum Abschluss kommt und die Welt eben als eine Welt äußerer Mittel erscheinen lässt. Gleichzeitig wird aber Mittel andererseits als von dieser Äußerlichkeit unterschiedenes Potenzial, als Macht begreifbar, welches unterschiedlichen subjektiven Zwecken dienen kann, welches »sich erhält«[44] und seinerseits eine Instanziierung des einzigen inneren Zwecks der Vernunft ist, ihre Zwecksetzungen zu verwirklichen, nämlich die Freiheit. In dieser nun ist die Vernunft mit sich eins als Idee, die von sich erfährt, dass sie sich in ihrer Entäußerlichung zwangsläufig negieren muss. Jede praktizierte Freiheit schränkt sich als Freiheit ein; als absolute Freiheit hat sie nur ein negatives Wissen von sich.

List der Vernunft Über diese Differenzerfahrung erfährt die Vernunft ihren ›inneren‹ Zweck, nämlich Freiheit (als Idee) und daher führt Hegel an dieser Stelle erstmals die Formel von der »List« der Vernunft ein.[45] Unter einer List verstehen wir eine Handlung, die über ihre Zwecksetzung hinaus einen weiteren Zweck verfolgt, der durch diese Zwecksetzung erreicht, aber der äußeren Anschauung verdeckt bleibt (und gerade deshalb erreicht wird). In diesem Falle ist dieser Zweck das Gewahrwerden der Vernunft über ihre Idee jenseits subjektiver Zweckannahmen und objektiver äußerer Zwecke. Daher eröffnet dieses Kapitel nach der subjektiven und der objektiven Logik die Untersuchung der »Idee«, die im Zuge jener Reflexion hier erstmals erscheint. Karl Marx hat dieses Konzept einer List ebenfalls in zentraler Gewichtung übernommen, aber – wie bereits angedeutet – nicht als List der Vernunft, sondern als List der Geschichte »hinter dem Rücken«[46] der Subjekte, eine Geschichte, die als Träger eben nicht die Vernunft, sondern den Prozess der Arbeit als Bedürfnisbefriedigung

---

44 | Georg Wilhelm Friedrich Hegel, WL, S. 398; vgl. ders., PhG, S. 294

45 | Ders., WL, S. 398; in der PhG heißt es: »Auf diese Weise reflektiert sich also das Bewußtsein in sich in seinem vergänglichen Werke und behauptet seinen Begriff und Gewißheit als das *Seiende* und *Bleibende* gegen die Erfahrung von der *Zufälligkeit* des Tuns« (S. 294).

46 | Karl Marx, Das Kapital, a. a. O., S. 179 f.

hat. Die formale Modellierung ist jedoch analog zu derjenigen Hegels.

Der Potenzialcharakter von Mitteln kann nun in verschiede- Mittel als ner Hinsicht weiter untersucht werden. Sofern das Mittel als technische Mittelbegriff in unserer Handlungsmodellierung auftritt, steht Kategorien es für eine bestimmte Identifizierungsstrategie äußerer Gegenstände als Mittel und ist zugleich Kriterium dafür, dass die Befriedigung bestimmter Wünsche zu einem Handlungszweck werden kann (qua Herbeiführbarkeit der Zweckrealisierung). Sie bekommen Regelcharakter, werden zu Kategorien. In seiner Kritik an Hegel und Pierre Joseph Proudhon (1809–1865) monierte Marx, dass beide den Kategorien selbst eine Bewegung zusprechen, die »sich setzt und entgegensetzt«.[47] Vielmehr ist gerade das »Nebeneinanderbestehen« der entgegengesetzten Seiten (kategorialer Schein der ideologischen Kategorie, z. B. »Geld«, »Ware«, »Tausch« sowie deren Vollzug (als Arbeit) dasjenige, welches das »Aufgehen« in eine neue Kategorie bewirkt (z. B. »Kapital«). Als materiale Kategorie leitet diese dann neue Vollzüge. Hinter ›Mittel‹ verbirgt sich, wie bei allen Begriffen, eine Regel des Identifizierens, die wir als ›Intension‹ fassen können. Diese Intension determiniert nicht einfach den Bezugsbereich des Begriffs als dessen Extension, sondern steht, wie wir gesehen haben, in einem dialektischen Verhältnis zu dieser. Denn die Extensionen sind nicht gleichsam gegeben, sondern werden erst im begriffsgeleiteten Umgang mit den Gegenständen ersichtlich.[48] Weil nun die Mittelkonzepte nicht bloß einen konkreten Umgang mit Gegenständen leiten, sondern im Zuge ihrer Typisierung Typen der Gegenstandsbezüglichkeit konstituieren, bekommen sie kategorialen Charakter. Sie legen dann allererst fest, was als konkretes Mittel in Betracht gezogen wird, sie bestimmen also die *Weisen* der Prädikation als basalere Strategien unserer Welterschließung und des Umgangs mit der Welt.

Im Ausgang von dieser Einsicht finden wir nun idealtypisch Universalisierung zwei völlig gegenläufige kulturdiagnostische Argumentations- der Mittel linien im Blick auf die Entwicklung moderner Technik als Inbe-

---

47 | Ders., Das Elend der Philosophie, Ausgabe Lieber/Furth, Bd. II, Darmstadt 1971, S. 748

48 | Vgl. Christoph Hubig, Dialektik und Wissenschaftslogik. Eine sprach-philosophisch-handlungstheoretische Analyse, Berlin, Heidelberg, New York 1978, S. 66–119

griff unseres Verfügens über Mittel: Zum einen wird hervorgehoben, dass im Zuge der Entwicklung von der Handwerkstechnik über die Maschinentechnik hin zu den Systemtechniken eine zunehmende Ablösung der Mittel von konkreten Zweckbindungen erfolgt sei, Technik also in immer höherem Maße universelle Werkzeuge und universelle Maschinen entwickle. Es findet also eine Verlagerung des Spezifischen von Technik zu ihrem Potenzialcharakter hin statt, dessen Erweiterung und Universalisierung immer umfangreichere, variablere und flexiblere Aktualisierungen auf den unterschiedlichsten Gebieten erlaube. Die in der Moderne vollzogene Freisetzung des Menschen hin zu seiner Autonomie erfülle sich in einer Autonomisierung der Technik, die nicht mehr unter dem Paradigma des Mittels zu begreifen sei, sondern zunehmend zum Medium theoretischer und praktischer *a limine* unbegrenzter Welterschließung werde.[49] In dieser Medialität als universeller Mittelhaftigkeit drücke sich die Macht des von jeder Ordo emanzipierten Menschen aus, der als Subjekt nun im Medium der Technik selbst zur Mitte werde, aber insgesamt im Banne seiner Universaltechnik bleibe (»Informatisierung des Menschen und der Gesellschaft«).

Dominant-
werden
der Mittel:
Die Tragödie
der Kultur

Die gegenläufige Argumentationslinie, wie sie von den Vertretern einer kulturpessimistischen Technikkritik vorgetragen wird[50], hebt daher hervor, dass im Zuge dieser Entwicklung technische Kategorien »dominant« werden[51], wir also bei der Modellierung von Welt einschließlich uns selbst in Abhängigkeit von jenen Mitteltypen geraten, die nicht mehr wie die handwerklichen Mittel über die Widerstandserfahrungen, die sie auslösen, uns einen Ort der Selbstvergewisserung und des souveränen Disponierens im Spannungsfeld zwischen Mittelentwicklung und

49 | Vgl. z. B. Gerhard Gamm, Technik als Medium. Grundlinien einer Philosophie der Technik, in: M. Hauskeller et al. (Hg.), Natursein und Natur erkennen, Frankfurt/M. 1998, S. 94–106; für eine marxistische Perspektive vgl. Otto Ulrich, Technik und Herrschaft, Frankfurt/M. 1979, Kap. IV

50 | Zu dieser Argumentationslinie vgl. den Überblick in: Christoph Hubig, Technik und Kulturkritik in Deutschland und Frankreich, in: Dialektik. Zeitschrift für Kulturphilosophie, 2000/2, S. 173–184

51 | Hans Freyer, Über das Dominantwerden technischer Kategorien, in: Abhandlungen der geistes- und sozialwissenschaftlichen Klasse der Akademie der Wissenschaften, Mainz 1960, Heft 4, S. 539 f.

Validierung der Resultate ermöglichen. Indem sie nämlich in Gestalt »sekundärer Systeme«[52] zwar ungeheuere Spielräume des Handelns eröffnen, zugleich aber auch insofern begrenzen, als ein Verzicht auf Nutzung dieser Möglichkeiten oder Anpassung an die vorgegebenen Möglichkeiten den eigenen Untergang bedeuten würde, präsentieren sich die Mittel nicht mehr als disponible Regeln, sondern als »Sachgesetzlichkeiten«, da sie den Bedingungserhalt gelingenden Handelns garantieren. Darin liegt die »Tragödie der Kultur«[53], dass sich die Schöpfung gegen den Schöpfer auflehnt[54] und über die Vorgabe der »Machbarkeit der Sachen«, der »Organisierbarkeit der Arbeit«, der notwendigen »Zivilisierbarkeit des Menschen« und der »Maschinisierung der Weltgestaltung«[55] technisch geprägte, unentrinnbare Strategien unserer Welt- und Selbstbezüge vorgeben. Wir modellieren Welt und uns selbst nach Maßgabe der einschlägigen leitenden technischen Kategorien, werden zum Element bloßer Funktionserfüllung »sinnentleerter Organisation«[56] und begegnen diesen technischen Systemen angesichts unserer eigenen Unzulänglichkeit nur mehr im Modus »prometheischer Scham«[57]. Angesichts dieser kontroversen Befunde besteht also Klärungsbedarf, dem dadurch zu entsprechen ist, dass die ›Medialität‹ der Mittel, also ihre Rolle bei der Identifizierung möglicher Handlungszwecke, genauer untersucht wird.

Medialität und mögliche Zwecke | Inwiefern geben Mittel als Medien einen Möglichkeitsraum von Zwecksetzungen in Erwartung ihrer Realisierung vor? Die Fragestellung signalisiert be- Möglichkeits-räume

---

52 | Ders., Theorie des gegenwärtigen Zeitalters, Stuttgart 1955, S. 11 ff.

53 | Vgl. Hendrik de Man, Vermassung und Kulturverfall, Bonn 1951; Georg Simmel, Philosophische Kultur, Leipzig 1911

54 | Vgl. Oswald Spengler, Der Mensch und die Technik, München 1931, S. 35 f., S. 75

55 | Vgl. Hans Freyer, Theorie des gegenwärtigen Zeitalters, Stuttgart 1967, S. 16 ff., 34 ff., 60 ff. und 70 ff.

56 | Vgl. Arnold Gehlen, Die Seele im technischen Zeitalter, Hamburg 1957, S. 57; Hannah Arendt, Vita activa oder Vom tätigen Leben, München 1981, S. 113, S. 134

57 | Vgl. Günther Anders, Die Antiquiertheit des Menschen, München 1956, Bd. 1, S. 30 ff., S. 283

reits, dass wir ähnlich wie bei der Untersuchung konkreter Mittel hier dahingehend eine Doppelung erwarten dürfen, dass zum einen über eine Konzeptualisierung von Möglichkeitsräumen und zum anderen über eine Konzeptualisierung von äußeren Gegebenheiten, die die realen Realisierungsoptionen umfassen, zu verhandeln ist. Im Gebrauch des Terminus ›Medium‹ finden wir in der Tat diese beiden Seiten wieder. Ihre gemeinsame Wurzel liegt in einem zweiten Aspekt der bereits erwähnten Tätigkeit der Athene. Deren τέχνη (*techne*) bedeutet ja nicht bloß das Zusammenfügen von Dingen, sondern zugleich das ›Weben‹ einer Struktur von Werkstoffen, Zeichen und Vollzügen, die ihrerseits für eine weitere Formung offen ist. Diese Struktur legt den Möglichkeitsraum für die »Mitteilbarkeit«, so Hegels Wortspiel[58], von Elementen innerhalb dieser Struktur zueinander fest, d. i. die reale Möglichkeit ihres In-Relation-zueinander-Bringens, d. h. insbesondere der Mittel-Zweck-Mittel-Zweck...-Verknüpfungen. Als Beispiele führt Hegel aus der Chemie das Wasser, und aus dem Geistigen die Sprache an. Solcherlei gilt auch für die neuesten ›universellen‹ Techniken: Ada Byron-King, die Vertraute von Charles Babbage (1792–1871) formulierte einmal: »Die Analytical Engine webt algebraische Muster buchstäblich auf die gleiche Weise wie der jacquardsche Webstuhl Blumen und Blätter.«[59] In Ansehung der Doppelung zwischen inneren (konzeptualisierten) und äußeren Mitteln können wir nun Analoges für die ›Medialität‹ ausmachen:

Äußere Medialität   Zum einen kann das Mediale als gegenständliches ›Gewebe‹ verstanden werden, welches die Disposition zur konkreten Formbildung als Möglichkeit vorgibt. Das Medium ist ein bloß »lose gekoppeltes« System, so Niklas Luhmanns Metapher[60] (1927–1998), innerhalb dessen sich konkrete Formen bilden lassen; es ist eine unterbestimmte vorausliegende Rahmenord-

---

58 | Georg Wilhelm Friedrich Hegel, WL, S. 369; vgl. hierzu Martin Heidegger: »Die Bewandtnisganzheit enthüllt sich als das kategoriale Ganze einer *Möglichkeit* des Zusammenhangs von Zuhandenem« (Sein und Zeit, a. a. O., S. 144).

59 | Zit. nach: Gereon Sievernich/Hendrik Budde (Hg.), 7-Hügel – Bilder und Zeichen des 21. Jahrhundert, Bd. VI, Wissen, Berlin 2000, S. 21

60 | Niklas Luhmann, Soziale Systeme, Frankfurt/M. 1987, S. 220 ff.

nung als »Transformationsraum«[61], innerhalb dessen konkrete Mittel realisiert und eingesetzt werden können, d. h. identifizierbar, konvertibel, austauschbar sind und in diesem Sinne ›zirkulieren‹ können: Licht, Luft, Wasser oder allgemeine Materie, der einmal angenommene Äther, die in der jüngsten Astrophysik postulierte ›dunkle Materie‹. Aber auch und gerade ein System von Informationskanälen, der Geldverkehr, jegliche technischen Apparate und Maschinerien etc. stellen auf unterschiedlichen Ebenen solche realen Strukturen und Ordnungen als Medien dar, innerhalb derer konkret geformte Konstrukte (Informationen, Geschäfte bzw. Kapital bzw. Derivate, technische Erträge etc.) realisierbar sind. Sie »schränken die Gestaltenfülle auf die objektiven (gegenständlichen) Regeln des jeweils Möglichen ein.«[62]

Bereits hier ist allerdings zu betonen, dass in Ansehung des Bezugs zu den Subjekten, die mit und in diesen Möglichkeitsräumen agieren, nicht nur ein Einschränkungseffekt dergestalt auftritt, dass konkrete Intentionen zum Mitteleinsatz hier mit ihren Grenzen konfrontiert würden. Denn die »Gestaltenfülle« (Cassirer) als Potenzial ist ja nicht als solche gegeben, sondern wird im medial geprägten Erlebnis[63], etwa einem »überraschenden experimentellen Resultat als Spur, die sich auf indirektem Wege hervorgebracht hat«[64] exemplifiziert. D.h., der Möglichkeitsraum, der als solcher nicht vorstellbar ist, wird erst *in concreto* langsam eröffnet und aufgebaut. Unter diesem Gesichtspunkt ist bereits der berühmte Hammer als Paradigma für ein Werkzeug ein Medium, worauf z.B. Mark Twain und Abraham Kaplan verweisen[65]: Für denjenigen, der einen Hammer in der

Herausbildung von Weltbildern: mediale Erlebnisse

---

61 | Gerhard Gamm, Technik als Medium, a.a.O., S. 102

62 | Ernst Cassirer, Form und Technik, a.a.O., S. 81

63 | Vgl. Sybille Krämer, Das Medium als Spur und als Apparat, in: dies. (Hg.), Medium, Computer, Realität, Frankfurt/M. 1987, S. 73–94

64 | Hans-Jörg Rheinberger, Experiment – Differenz – Schrift, Marburg 1992, S. 49-57; vgl. Jacques Derrida, Grammatologie, a.a.O., S. 109; vgl. Bruno Latour, Die Hoffnung der Pandora, Frankfurt/M. 2000

65 | Mark Twain, zit. nach: Joan S. Davis, Die simulierte Wirklichkeit, in: Angela Schönberger et al. (Hg.), Simulation und Wirklichkeit, Köln 1988, S. 200: »Wenn unser einziges Werkzeug ein Hammer ist, neigen wir dazu, alle Probleme als Nägel zu sehen.« – Vgl. Abraham Kaplan, The Conduct of Inquiry. Methodology for Behaviourial Science, San Francisco 1964, S. 28

Hand hat, »müsste alles so vorkommen, als ob es eingeschlagen werden müsste«, »sähe die ganze Welt wie Nägel und Nicht-Nägel aus«[66] etc. Hier finden wir den Kategoriecharakter von Medialität, d. h. eine (noch weiter zu erhellende) Wirkung, die von einem gegenständlichen Konstrukt ausgeht und unsere Welt- und Selbstorganisation dadurch prägt, dass ein Mittel als Medium »Bedeutungen« (i. S. von *meaning*, Intention) »verfestigt«, »eine potentielle Wirkung« ausdrückt.[67]

Diese Weltorganisation und ›Organisation unseres Selbst‹ beschränkt sich ja nicht bloß auf die Außenseite von Vollzügen, sondern findet ihren Ausdruck in den Rahmenkonzepten, unter denen wir diese Vollzüge begreifen und die in einem dialektischen Verhältnis zu diesen Vollzügen stehen. So wurden und werden Welt- und Menschenbilder als Rückprojektionen gelingender technischer Handlungszusammenhänge entworfen: Welt und Mensch als (kartesianisches) System von Hebeln und Pumpen, als elektro- und thermodynamisches System, als informationsverarbeitendes System (i. e. als ›gentechnisch programmiert‹[68] etc.). In Analogie zur Unterscheidung von inneren und äußeren Mitteln wäre hier eine ›innere Medialität‹ als reine Struktur des Organisierens von Raum, Zeit, Zeichengebrauch, Information, Kommunikation etc. zu charakterisieren. Medialität im ersten Sinne ist hiervon nur ein äußerer, kontingenter Träger, der letztere ›verkörpert‹, etwa eine bestimmte Form des Perspektivischen im Guckkastentheater resp. bestimmten Darstellungen der Luftperspektive in der Malerei oder bestimmte Formen einer materialen Realisierung von Programmstrukturen, Algorithmen und Kalkülen.[69] So gefasst, sind dann Medien selbst höherstufi-

---

66 | Abraham H. Maslow, Motivation and Personality, New York 1954, S. 102

67 | John Dewey, Erfahrung und Natur, a. a. O., S. 184; Bruno Latour hat in seinem Buch »Wir sind nie modern gewesen« diese Thematik unter dem Terminus des modernen Menschen als »Hybridwesen« weiter untersucht (Frankfurt/M. 1998, S. 58–61, S. 105): »Die Mittler haben den ganzen Raum für sich« (ebd., S. 192).

68 | Vgl. auch die Konzeptualisierung von Intelligenz auf der Basis von Modellen künstlicher Intelligenz.

69 | Sybille Krämer, Zentralperspektive, Kalkül, virtuelle Realität, in: Gianni Vattimo/Wolfgang Welsch (Hg.), Medien-Welten, Wirklichkeiten, München 1998, S. 27–38

ge Formen (und nicht bloß materiale Basis der Formbildung, wie bei Karl Marx oder Niklas Luhmann). Sie »reproduzieren sich im Gebrauch« quasi fetischhaft im marxschen Sinne, wirken damit in einer problematischen Weise »pädagogisch«[70] oder »autokatalytisch«[71], weil sie sich in ihren Aktualisierungen beständig zu reproduzieren vermögen, sofern sie nicht einer Ideologiekritik unterzogen werden bzw. ihre Aktualisierungen ›dekonstruiert‹ werden.

Eine solche Dekonstruktion im Sinne von Jacques Derrida wird möglich, weil diese Organisationsstrukturen in ihren Aktualisierungen ›Spuren‹ hinterlassen als »differance«, »Inskriptionen« einer selbst unanschaulichen Medialität als »Dispositiv«.[72] Als konzeptualisierte Medialität kann sie selbst nicht zum Gegenstand einer Vorstellung werden (wie auch nicht der »logische Raum« bei Ludwig Wittgenstein). Sie kann sich nur zeigen. Über eine solchermaßen gefasste Medialität kann man nur in einem paradoxen Stil, in uneigentlicher Rede, philosophieren. Bleibt man bei einer unreflektierten Unterscheidung zwischen jenen beiden unterschiedlichen Fassungen von Medialität stehen, gerät man in die Kontroverse zwischen einem »Medienmaterialismus« (etwa Luhmanns) oder einem neukantianischen »Medienidealismus« (etwa Cassirers), wie er als späte Hinterlassenschaft des alten Streites der Metaphysiken gegenwärtig das Lager der Medientheoretiker spaltet.

Ein Zusammenhang zwischen äußerer und inneren Medialität wird in der neueren Diskussion[73] unter dem Titel ›Performativität des Medialen‹ diskutiert: Medien im Sinne von äußeren Medien geben die materiellen Bedingungen dafür ab, dass Medien im inneren Sinne ihre Spuren hinterlassen können, über deren *differance*-Erfahrung der dialektische Widerspruch offenkundig und reflektierbar wird: der Widerspruch zwischen dem

Vorstellbarkeit von Medialität

---

70 | Josef Weizenbaum, Die Macht der Computer und die Ohnmacht der Vernunft, Frankfurt/M. 1994, S. 36

71 | Gerhard Gamm, Technik als Medium, a.a.O., S. 103

72 | Michel Foucault, Dispositive der Macht. Über Sexualität, Wissen und Wahrheit, Berlin 1978, S. 128; vgl. hierzu: Christoph Hubig, »Dispositiv« als Kategorie, in: Internationale Zeitschrift für Philosophie, Heft 1/2000, S. 35–47

73 | Vgl. Sybille Krämer, Das Medium als Spur und als Apparat, a.a.O., S. 90

naiven Bewusstsein, welches intentional Mittel einzusetzen glaubt (und so auch hermeneutisch interpretiert werden kann), und eben jenen indisponiblen, kategorialen Strukturen des Organisierens. Als erfahrener Widerspruch kann er aber zum Gegenstand einer Reflexion des Medialen werden.

Verlust der Spuren Was die Möglichkeit einer solcher Reflexion betrifft, findet sich aber ebenfalls eine kulturpessimistische Einschätzung. Denn ähnlich wie bei der Universalisierung der Mittel kann die Medialität modernster Technik als offene Struktur des Organisierens begriffen werden als »unfertige Maschine«[74] bzw. in demjenigen problematischen Sinne »autonom«, wie ihn in kritischer Absicht Josef Weizenbaum[75] fasst, um die Unbestimmtheit modernster informatisierter Technik zu beschreiben. Zwar können innerhalb ihrer in einem bisher nicht gegebenen Maße Mittel als äußere Mittel oder Potenziale entwickelt werden. Allerdings hinterlässt eine derart offene Medialität in immer geringerem Maße Spuren ihrer Begrenzungen – so die Kulturdiagnosen von Paul Virilio und Friedrich Kittler, die auf den ›Verlust der Spur‹ hinweisen.[76] Wenn diese Technologien die Welt so überformt haben, dass diese »nur noch unser ausgefaltetes Gehirn ist«[77], sich also unsere Umwelt flexibel an unsere situativ wechselnden Bedürfnisse anpasst, wie die Utopie der Informationstechnologien lautet, dann finden sich nicht mehr diejenigen notwendigen Hemmnis- und Widerstandserfahrungen, die zur Herausbildung einer Kompetenz des Menschen, die sich ihrer selbst bewusst ist, unentbehrlich sind.

Technik als System der Mittel **Das System der Mittel |** Medialität wird nicht einfach angetroffen. Erscheint sie dem mittelverwendenden Individuum als indisponibel, so lässt sich doch die Herausbildung von Systemen des Mitteleinsatzes als Ordnungen äußerer und innerer Medialität rekonstruieren. Dass die Technik als Gesamtheit der

---

74 | James H. Moor, What is Computer Ethics? In: Metaphilosophy, Vol. 16, No. 4, 1985, S. 269

75 | Josef Weizenbaum, Die Macht der Computer und die Ohnmacht der Vernunft, a. a. O., S. 44 f.

76 | Vgl. Paul Virilio, Die Eroberung des Körpers, München 1994; Friedrich Kittler, Grammophon, Film, Typewriter, Berlin 1968

77 | Nicholas Negroponte, Total digital. Die Welt zwischen 0 und 1 oder Die Zukunft der Kommunikation, München 1995, S. 125

Mittel eine solche Ordnung darstellt, hatte bereits der Stoiker
Zenon (ca. 333–ca. 262 v.u.Z.) in dem berühmten, von Lukian
(ca. 120–ca. 180) überlieferten Diktum gefasst, dass »Technik
als System von Mitteln gemäß ihrer Nützlichkeit für das Le-
ben« zu begreifen sei[78] – eine Formulierung, die wörtlich auf-
gegriffen wurde u.a. in den großen Topiken des Petrus Ramus
(1515–1572) oder des Philipp Melanchthon (1497–1560) bis
hin zu Gottfried Wilhelm Leibniz (1646–1716), der in der Technik als »großer Maschine« die Verwirklichung der »commodi-
tät« des Systems, die Harmonie seiner internen Beziehungen
im Sinne ihrer Komposibilität gewährleistet sah.[79] In einem
solchen System werden die Mittel nebeneinander und mitein-
ander allererst möglich. In dieser Möglichkeit liegt die Macht
des Systems, welches hierin nicht nur seine ontologische,
sondern auch seine sittliche Rechtfertigung findet, die bereits
Cicero (106–43 v.u.Z.) im Blick auf die Gemeinsamkeit der
Fundierung begrifflicher und technischer Medien im Sittlichen
betont hat.

Hegel (und mit ihm Marx) haben nun die Herausbildung eines Systems der Mittel im Ausgang von einer paradigmatischen
Reflexion auf das System der Bedürfnisse rekonstruiert (so Hegel paradigmatisch im gleichnamigen Kapitel seiner Rechtsphilosophie).[80] Hierbei hat Hegel etliche Argumentationslinien,
insbesondere der aufklärerischen Fortschrittsphilosophie (z.B.
Marie Jean Antoine Condorcet) auf den Punkt gebracht. Denn
die allgemeine Bindung von ›Mittel‹ an Nützlichkeit verweist auf
die Bedürfnisse als basale Kategorie. Mit dem Verlust einer »ursprünglichen natürlichen Anschauung« und der darauf aufru-

Ausgang von den Bedürfnissen

78 | Zenon, zitiert nach Lukian, Werke, Zweibrücken 1790, Bd. 7, S. 105

79 | Petrus Ramus, Institutiones dialecticae, Basel 1572, Episcopus 11;
Phillip Melanchthon, Erotemata dialectices, Corpus Reformatorum 13,
S. 537; Gottfried Wilhelm Leibniz, Grundriß eines Bedenkens von der Auf-
richtung einer Societät in Deutschland (1671), Akademie Ausgabe, Bd. V,
1, § 24, 10

80 | Georg Wilhelm Friedrich Hegel, Grundlinien der Philosophie des
Rechts, Ausgabe Hoffmeister, Hamburg 1955, nachfolgend zit. als PhR,
S. 169–180; vgl. hierzu seine Vorlesungen zur Philosophie der Geschichte,
Ausgabe Glockner, Bd. 11, S. 518: »Das Technische findet sich ein, wenn
das Bedürfnis vorhanden ist.«

henden »sittlich-einfachen Fundierung«[81] entstehen im Zuge des Rollenverhaltens der Arbeitsteilung und der Herausbildung eines reflektierten Selbstbewusstseins *besondere* Bedürfnisse. Ihre Befriedigung gemäß subjektiver Willkür und subjektivem Belieben »zerstört sich selbst«[82], sofern sie nicht in koordinierten Arbeitsprozessen auf der Basis von Anerkennung vollzogen wird, d. h., sofern sie mit den Bedürfnissen aller übrigen im Rahmen eines Systems der Bedürfnisse abgestimmt ist. Denn sie ist auf äußere Dinge als Mittel angewiesen, die Eigentum und Produkt anderer Bedürfnisse und Willen sind.[83] Die Einheit von Produktion und Konsumtion, wie sie im Naturzustand gegeben war, lässt sich angesichts partikularisierter Bedürfnisse nicht mehr realisieren. Der Zweck »der Befriedigung der subjektiven Besonderheit« ist auf die Bedürfnisse und die freie Willkür anderer bezogen. Dieser Bezug wird in der Arbeit praktisch realisiert, deren Regeln in der Staatsökonomie als Wissenschaft eruiert werden. Diese Regeln koordinieren die voneinander getrennten Elemente der Produktion und des Konsums. Die wechselseitige Abhängigkeit bei der Befriedigung partikularer Bedürfnisse und die Notwendigkeit ihrer Koordination bedingen, dass die Bedürfnisse und ihre Befriedigung immer weiter geteilt und abstrakter, einseitiger und spezialisierter werden. »Ebenso teilen und vervielfältigen sich die Mittel für die partikularen Bedürfnisse und überhaupt die Weisen ihrer Befriedigung, welche wieder relative Zwecke und abstrakte Bedürfnisse werden [...], dies Moment wird so eine besondere Zweckbestimmung für die Mittel für sich und deren Besitz, sowie für die Art und Weise der Befriedigung der Bedürfnisse.«[84] Im Zuge der Arbeitsteilung in einem solchen System perpetuiert sich der Abstraktionsprozess bzw. die Beschränkung des Tuns teils nach der Natur des Materials, »teils aber vornehmlich nach der Willkür anderer«[85] (d. i. Nachfrage). Die Arbeit selbst wird abstrakter, nur noch ihre ›allgemeingültige Geschicklichkeit‹ auf der Basis ›erworbener Gewohnheit‹ macht ihren Wert aus. Mit dieser Vervollkommnung der Geschicklichkeit in einseitiger Hinsicht steigt die Abhängig-

---

81 | Georg Wilhelm Friedrich Hegel, PhR, S. 166

82 | Ebd.

83 | Ebd., S. 170

84 | Ebd., S. 171

85 | Ebd., S. 173

keit und Wechselbeziehung im System. Das Arbeiten muss immer mechanischer werden »und damit am Ende fähig, dass der Mensch davon wegtreten und an seine Stelle die Maschine eintreten lassen kann.«[86] Eine Reflexion auf die notwendige Einheit, die die partikularisierte Arbeit verbindet (also die Identität der Arbeit als Bedürfnisbefriedigung und ihres Gegenteils, den objektivierten, spezialisierten Prozessen der Produktion), stellt als eine solche Einheit der »allseitigen Verschlingung der Abhängigkeit aller«[87] das allgemeine, bleibende Vermögen, die *Möglichkeit* für den Einzelnen vor, »durch seine (spezialisierte) Bildung und Geschicklichkeit daran teilzunehmen, um für seine Subsistenz gesichert zu sein.«[88] Nun kann nach Bedingungen dieser Teilnahme, nach Institutionen ihrer Gewährleistung und Sicherung (Kapital, Rollen bzw. Stände, Jurisdiktion, exekutive Korporationen etc.) gefragt werden.

Das System der Mittel, das auf dem System der Bedürfnisse ruht, determiniert nicht strikt das besondere Handeln und den Mitteleinsatz. Es gibt nur die Möglichkeiten vor, in denen das Handeln seine Form finden kann, sofern es erfolgreich sein will. Insofern sind solche Systeme »lose gekoppelt« (Luhmann)[89], es sind Medien. In seiner Reflexion auf die Rolle von Arbeitsmaschinen im Maschinensystem (zusammen mit Bewegungs- und Transmissionsmaschinen) konnte Marx weitergehend analysieren, wie sich der Ermöglichungscharakter der Systeme der Mittel immanent verändert – von ihm gefasst als »Veränderung der Produktivkräfte«: Im Zuge der Schaffung potenzieller Gebrauchswerte (für eine mögliche Nachfrage durch andere) und einer Steigerung der Potenzialität der Gebrauchswerte (Nutzungspotenzial im Tauschprozess) wird die »Produktionspotenz von der Arbeit zunehmend getrennt«[90]; und neben dieser technischen Entfremdung führt die ökonomische Entfremdung als Entzug des

---

86 | Ebd., S. 174; vgl. die Weiterführung bei Karl Marx, Das Kapital, a.a. O., S. 400–402 und auf S. 407: »Der kooperative Charakter des Arbeitsverhältnisses wird jetzt also durch die Natur des Arbeitsmittels selbst diktierte technische Notwendigkeit.«

87 | Georg Wilhelm Friedrich Hegel, PhR, S. 174

88 | Ebd.

89 | Vgl. Fußnote 60

90 | Karl Marx, Das Kapital, a.a.O., S. 382; vgl. hierzu auch Hans Freyer, Theorie des gegenwärtigen Zeitalters, a.a..O., S. 167

Mehrwerts zu weiterer Kapitalakkumulation und Kapitalintensi-
tät (durch maschinelle Produktion), bis hin zu einer relativ sin-
kenden Profitrate des konstanten (in Maschinerien objektivierten) Kapitals, die nur durch Erschließung neuer Märkte ausge-
glichen werden kann. Erst wenn (etwa in einem sozialistischen
System) nicht mehr einzig das Ziel der Produktion die Konsumtion ist (womit die Erzeugung neuer Bedürfnisse und Erschließung neuer Märkte einhergehen), sondern die Erleichterung der
Arbeitsprozesse selbst, werden die Möglichkeiten des Systems
der Mittel in entsprechend angepassten Handlungsvollzügen
qualitativ genutzt. In der Diagnose, ob ein elaboriert-kapitalisti-
sches System zu diesem qualitativen Wandel fähig ist und zugleich die hierfür notwendige »Grundlage«[91] an Kapital jeglicher
Art (heute einschließlich Natur- und Bildungskapital) angesichts
seiner Fixierung auf quantitativer Steigerung der Konsumtion
erhalten kann, scheiden sich die Geister.

Die Rolle der Mittel für die Reflexion | Hegel führte in sei-
nem Gesamtsystem paradigmatisch vor, dass dem Technischen
bzw. dem Einsatz von Mitteln eine wesentliche Gelenkfunk-
tion, ein Schlüsselcharakter für die Modellierung der Übergänge im Prozess der Selbsterschließung der Vernunft (*Phänomenologie des Geistes*) und Selbstentfaltung (*Wissenschaft der Logik, Grundlinien der Philosophie des Rechts*) zukommt. Diese
Übergänge haben ihren Ort jeweils dort, wo im Modus theoretischer Vorstellung die entstandenen dialektischen Widersprüche nicht aufgehoben werden können.

Phänomenologie   In der *Phänomenologie des Geistes* wurde gezeigt, wie so-
des Geistes: wohl Widersprüche im Bereich sinnlicher Gewissheit zunächst
Herrschaft und unter dem Konzept von Wahrnehmung als standpunktgebunde-
Knechtschaft nem (auswählendem) Vorstellen als auch die Widersprüche zwischen unterschiedlicher Wahrnehmung (qua Standortgebunden-
heit) in einem Konzept von Verstandestätigkeit als Tätigkeit eines Bewusstseins, das der Wahrnehmung ihre Regeln geben will,
aufgehoben werden konnten. Die Vielfalt der Möglichkeiten,
solche Regeln zu modellieren, die in konkurrierender Weise in
der Lage sind, ihr ›Anderes‹ (das jeweilige Bewusstsein vom
Ding) als Wahrheit auszuzeichnen, verlangt, dass dieses Bewusstsein selbst zum Thema der Reflexion wird. Als Vorgestelltes

---

91 | Georg Wilhelm Friedrich Hegel, PhR, S. 174

wäre es aber selbst nur ein Ding. Im Modus der Theorie ist ein Einheit stiftender archimedischer Punkt nicht zu finden. Kant hatte dies zutreffend auf die Formel gebracht, dass das Ich nicht Gegenstand einer Vorstellung sein kann, sondern alle Vorstellungen immer schon (unthematisiert) begleitet. Damit sind aber die Möglichkeiten von Reflexion nicht erschöpft. Denn indem nun das Bewusstsein sich nicht mehr als etwas zu erkennen sucht – dieser Modus der Selbsterschließung ist ›ausgereizt‹ –, sondern an der Stelle des Erkennens einerseits anerkennt, dass seine Ideen und Vorgaben (Herr-Seite des Bewusstseins) im praktischen Tun, d. i. Arbeit, in Werke umzusetzen sind, und andererseits anerkennt, dass diese Idee nur in der Arbeit ihre Erfüllung findet (Knecht-Seite des Bewusstseins), also ein wechselseitiges Anerkennungsverhältnis an die Stelle des Erkenntnisverhältnisses tritt, kann die Selbsterschließung auf eine neue Basis gestellt werden. Denn nun kann das Bewusstsein sich als Einheit der Differenz zweier Vorstellungen, derjenigen der Herr-Seite des Bewusstseins (Idee, Vorgabe, Zweck) und derjenigen der (äußeren) Zweckrealisierung im Werk erfahren, und zwar als die im Werk »gehemmte Begierde«. Diese Differenzerfahrung macht ein »knechtisches Bewußtsein« aus, welches »die Wahrheit des selbständigen Bewußtseins«[92], also des Selbstbewusstseins ist. Nur in der Tätigkeit erweist sich das ›Andere‹ relativ zum vorgegebenen Zweck der Herstellung als Widerständigkeit der Natur. Es bedroht nicht mehr das Bewusstsein als dessen Konkurrent, als Gesamtheit vorgestellter Gegenstände, in der das Bewusstsein nur ein Gegenstand unter vielen ist (die Option naturalistischer Erkenntnis, die sich ihres Standpunkts nicht vergewissert und in der Welt verschwindet). Indem die Idee der Herr-Seite jedoch anerkannt bleibt, kann sich das knechtische Bewusstsein auch nicht in der Zufälligkeit seiner Werke »verlieren«[93], sich bloß über seine Früchte identifizieren. Solcherlei würde zum Fatalismus oder zum Skeptizismus führen. Es ist die Differenzerfahrung selbst, die das Selbstbewusstsein ausmacht.

Im *Teleologie*-Kapitel der *Wissenschaft der Logik* war diese Differenzerfahrung zwischen dem beabsichtigten subjektiv-abstrakten Zweck und dem äußeren, realisierten Zweck dahingehend reflektiert, dass diese Differenzerfahrung ihren Grund da- *Wissenschaft der Logik*

---

92 | Ders., PhG, S. 147
93 | Ebd., S. 288

rin hat, dass die handelnde Vernunft zur Realisierung ihres inneren Zwecks (als »Trieb«) der Selbstverwirklichung äußerer Mittel bedarf, die sie »dazwischen schieben« muss und sich dadurch zugleich »listig« von den äußeren realisierten Zwecken distanzieren kann, eben sich nicht mit deren Zufälligkeit identifizieren muss. Sie kann sich von der Verfasstheit der äußeren Welt als Welt von Mitteln distanzieren, die »mechanischer Gewalt« unterliegen und sich *ex negativo* als Freiheit erhalten. Das »menschlich technische Produzieren ist äußerlich«.[94] Auf dem Umweg der Erkenntnis dieser Äußerlichkeit angesichts der Einsicht in den Erhalt eines Potenzials (des Mittels als Macht, die real wirken kann und in dieser Wirkung vorstellbar ist), begreift sich die Vernunft als Idee, die nicht auf die äußere Welt reduzierbar ist. Von dieser Idee ist aber keine positive Anschauung möglich, es sei denn als Golgatha[95], als Schädelstätte, Anschauung von toten Hervorbringungen und nicht mehr von der Macht des Hervorbringens.

Grundlinien der   In Hegels Rechtsphilosophie schließlich wurde rekonstru-
Philosophie des iert, dass der Anspruch sittlich-einfacher Gesellschaften, eine
Rechts geschlossene Vorstellung auf der Basis natürlich-religiöser Anschauung zu bauen, in dem Moment scheitert, indem das Selbstbewusstsein ›sich entzweit‹, sofern es auf eine eigenständige Befriedigung seiner Bedürfnisse verwiesen ist. Der Prozess, der im Kapitel *Herrschaft und Knechtschaft* der *Phänomenologie des Geistes* formal dargestellt wurde, ist hier in die Theorie einer Objektivierung der Vernunft genealogisch ausbuchstabiert. Sie sucht ihre Einheit in immer höherstufigen Systemen zu verwirklichen, in denen die in der Praxis ersichtlichen Differenzen als Widersprüche unter höherstufigen Regelsystemen, den kulturellen Formen des ›objektiven‹ Geistes, zu einer Einheit gebracht werden, als deren höchste die staatliche Organisationsform erscheint, welche ihrerseits in ihren Widersprüchen weiter reflektierbar ist.

Mittel als Modelle | Über den Einsatz von Mitteln erfahren wir etwas über uns und über die Welt. Wird diese Welt erschlossen oder allererst erzeugt? Das ist die erkenntnistheoretische Grundfrage, welche die Philosophie seit ihrer Entste-

---

94 | Vgl. Anm. 8
95 | Ders., PhG, S. 564

hung mit sich führt. Es hängt natürlich an dem Begriff der Welt, wie diese Frage beantwortet wird: ›Welt‹ als Inbegriff äußerer Gegenstände und Ereignisse, über die wir qua Mitteleinsatz Kenntnis erlangen, oder ›Welt‹ als Inbegriff äußerer, realisierter Zwecke (Hegel), die intentional geprägt sind und von denen die subjektive Zutat[96] nicht abzuziehen wäre. Eine Überlegung zum Modellcharakter von Mitteln kann hier weiterführen.[97] Wenn wir von Mitteln als Modellen sprechen, dann zeichnen wir Mittel dahingehend normativ aus, dass wir ihnen einen Vorbild- und Orientierungscharakter zusprechen. Wofür? In Beantwortung dieser Frage stoßen wir auf den Doppelcharakter von Modellen: Unser Sprechen von Modellen lässt genau diejenigen beiden Ebenen ersichtlich werden, die uns in der Doppelung von ›Mittel‹ und von ›Medialität‹ bereits vorkamen, nämlich als Doppelung äußerer und innerer (konzeptualisierter) Mittel oder Medien, analog hierzu als Doppelung von Modellen als Gegenstände bzw. Ereignisse oder Vorstellungen von abstrakten Strukturen.

So werden zum einen in der Umgangssprache, der Sprache der Techniker oder auch der Logiker Modelle als Realisate, Instanziierungen, Exemplifikationen oder Proben gefasst. Eine Realisierung R erscheint als Modell einer Struktur S (z.B. in der Logik einer Formelmenge oder einem Axiomensystem), wenn R jede Regel von F erfüllt. So werden etwa die natürlichen Zahlen als Modell der Peano-Axiome begriffen, wird ein Strömungsverhalten im Windkanal als Modell bestimmter Regularitäten äußerer Natur oder eine Stoffprobe als Modell bestimmter Verfasstheiten des Gewebes als testbarer äußerer Natur oder etwa bestimmter Apperzeptionsregeln von Farblichkeit (innerer Natur). An solchen Modellen lassen sich induktiv oder abduktiv solche Strukturen erschließen[98]: Wenn wir Mittel auf ihre Eignung testen, schließen wir von einem bestimmten Effekt unter In-Anschlag-Bringung einer bestimmten Regel der Vergleichbarkeit

Modelle als Realisate

---

96 | Zu weiteren Überlegungen zum Modellbegriff siehe in der »Bibliothek dialektischer Grundbegriffe« in »Wahrnehmen« von Michael Weingarten und in »Naturwissenschaft« von Renate Wahsner.

97 | Vgl. Theodor W. Adorno, Metakritik der Erkenntnistheorie, Kap. II, Gesammelte Schriften, Bd. 5, Frankfurt/M. 1970

98 | Vgl. Christoph Hubig, Technologische Kultur, Kap. 2.1.4, Leipzig 1997

auf die Eignung eines Mittels als hinreichende Ursache für die Zeitigung dieses Effekts. Das ist ein so genannter abduktiver Schluss, wie er in den üblichen Testverfahren zur Geltung kommt, sei es im elementaren Bereich unserer Alltagserfahrung – so testete der Flugzeugkonstrukteur Messerschmidt die Haltbarkeit von Tragflächen durch heftiges Daraufspringen unter der Annahme, dass die Belastung mit derjenigen des Winddrucks vergleichbar sei –[99] oder im Zuge elaborierter Messverfahren, wie sie in den Laboratorien zum Einsatz kommen. Jedes Experiment ist in dieser Hinsicht eine Probe, ein Modell als Realisat. Und über diese Modelle rekonstruieren wir unsere Welt als äußere Welt von Mitteln unter unseren Zwecken. Allerdings geben wir der Welt eine Chance, das wir uns (und unsere Modelle) im Zuge der von uns vollzogenen Veränderung der Welt zur Probe ändern: Nach dem Experiment als ›Ereignis‹ ist nicht bloß die Natur, sondern sind auch wir selbst ›transformiert‹. Der »Transformationsraum«[100] macht das Mediale aus, in dem das Modell und das Bewusstsein des Experimentators sich verändern.

Modelle als schematische Funktionen Daneben (und eben daher) verstehen wir unter Modellen auch und gerade paradigmatische Abstraktionen, d. h. vereinseitigte Bilder von Strukturen, deren Vereinseitigung wir (im Gegensatz zu möglichen Alternativen) für sinnvoll erachten. Solche »schematischen Fiktionen«[101] reichen bis zu umfassenden Simulationen oder generellen Weltmodellen, die unseren Vorstellungsraum als begrenzten Inbegriff möglicher konkreter Vorstellungsakte für einen bestimmten Bereich oder für die gesamte Welt ausmachen – ein Stadtplan ist in einem elementaren Sinne ein solches Modell, denn er ist ja weder Probe noch Exempel einer Stadt. Auf solche konzeptualisierte Modelle heben diejenigen Überlegungen – bis hin zu ihrer radikalen Ausprägung in einem Modellidealismus – ab, die unsere Akte und Operationen des Identifizierens von etwas nach den Gesichtspunkten und Mittelbegriffen befragen, unter denen diese Identifizierungen erfolgen und dabei auf deren Abhängigkeit von unseren Beschreibungssystemen und (konzeptualisierten) Medien stoßen. In Orientierung an Leibniz werden als Referenten der Iden-

99 | Ebd., S. 37

100 | Gerhard Gamm, Technik als Medium, a. a. O., S. 102

101 | Vgl. Hans Vaihinger, Die Philosophie des Als-ob, Leipzig 1922, S. 423–425

tifizierungsakte abstrakte Identitäten, zeichenhafte Realitätskonstrukte als Elemente eines solchen jeweiligen Modells gefasst – »[...] ich pflege diese Erkenntnis *blind* oder auch *symbolisch* zu nennen [...]«[102] und die Möglichkeit eines wahren Weltbezugs wird durch die Richtigkeit der Zeichenverwendung substituiert (etwa die Schrift des *calculus ratiocinator*), dessen einzige Realität seine Schrift ist. Eine Wirklichkeit der Welt macht sich dann nur noch als diffuse Widerständigkeit bemerkbar, und man könnte wie der bereits erwähnte Nicholas Negroponte[103] daran interessiert sein, diese Widerständigkeit so weit zu überwinden, dass die Welt »als unser ausgefaltetes Gehirn« insgesamt nur noch ein äußeres Modell (im Sinne der ersten Begriffsverwendung) als Realisation eines inneren Modells (im Sinne der zweiten Begriffsverwendung) der Welt ist. Eine Umkehrung dieser Relation haben wir in den technikinduzierten Modellen von Körper und Welt (als mechanischen, elektro- oder thermodynamischen etc. Systemen) bereits angetroffen. Beide Fassungen können auch zusammenfallen, so in Kants Beispiel der Handmühle als Modell 1. eines deterministischen Systems und einer paradigmatischen Vorstellung und 2. eines despotischen Staates.[104]

Weder eine materialistische Reduktion von Modellen als äußeren Realisaten, die unsere Welt ausmachen sollen, noch eine idealistische Überhöhung, in der die Welt nunmehr als konstruiertes Ensemble von Zeichen erscheint, ist mit dem dialektischen Konzept von Handlung vereinbar. Ferner bleibt in jener Alternative unentschieden, inwiefern Welt erschlossen oder erzeugt wird: Erzeugt und dann erschlossen unter der ersten Fassung der Funktion von Modellen oder erschlossen und dann bloß zeichenhaft erzeugt unter der zweiten Fassung? Es verbergen sich hier unterschiedliche ontologische Konzepte über die jeweilige Bedingtheit, Abkünftigkeit, Fundierungsrelation zwischen Mittelhaftigkeit, Medialität und über das Modell: etwa vom Mittel über seine Auszeichnung als Modell zur Medialität der Welt (Medienmaterialismus) oder vom Medium über das Mo-

102 | Gottfried Wilhelm Leibniz, Betrachtungen über die Erkenntnis, die Wahrheit und die Ideen, in: ders., Philosophische Schriften, Ausgabe Holz, Baden-Baden 1965, S. 37

103 | Vgl. Fußnote 77

104 | Immanuel Kant, Kritik der Urteilskraft, Hamburg 1968, A 256

dell zum Mittel (Medienidealismus). Einen solchen Medienidealismus kann man durchaus Cassirer unterstellen, der die Problematik der »Grenzsetzung« zwischen Mensch und Natur »innerhalb des Geistes selbst«[105] sieht. Natur ist »ein ständig *Neuzusetzendes*, ein immer wieder zu Gestaltendes. Der Geist mißt stets von Neuem die Gegenstände an sich und sich selbst an den Gegenständen [...]. Je weiter diese Bewegung greift [...], umso mehr fühlt und weiß er sich der ›Wirklichkeit‹ gewachsen.«[106] Das »verlangt, daß wir ständig vom ›Wirklichen‹ in ein Reich des ›Möglichen‹ zurückgehen und das Wirkliche selbst unter dem Bilde des Möglichen erblicken. Die Gewinnung dieses Blick- und Richtpunkts bedeutet, in rein theoretischer Hinsicht vielleicht die größte und denkwürdigste Leistung der Technik [...]. Die Technik fragt nicht in erster Linie nach dem was ist, sondern nach dem was sein kann.«[107] Analog zu Leibnizens göttlichem Demiurgen fasst Cassirer diesen Prozess als Auswahl jeweils einer Möglichkeit unter bestehenden Möglichkeiten als Reich des Rein-Ideellen. Diese Reflexion ist nicht radikal genug, weil sie den Widerstand des Objektiven nur in Gestalt einer Begrenzung des Möglichkeitsraums fasst, und nicht auch als etwas, das die Grenzziehung insgesamt resp. das Verfahren der Grenzziehung in Frage zu stellen vermag. Hier zeigt sich aber allererst Medialität in den Spuren ihres Scheiterns und kann insgesamt zum Gegenstand der Reflexion werden. Wenn Wirklichkeit sich nicht als »schlechthin starres Dasein, sondern als modifizierbarer, als ein bildsamer Stoff« erweisen soll, dann geht die Hemmung und der Widerstand in diesem Konzept verloren und es scheint, als »baue der Mensch sich seine Welt, seinen Horizont der ›Objekte‹ und seine Anschauung des eigenen Wesens fortschreitend auf«, so dass gilt: »[D]er eigentliche ›Sinn des Tuns‹ läßt sich nicht mehr an dem, was es bewirkt und was es zuletzt erreicht, erweisen, sondern es ist die reine Form des Tuns, es ist die Art und Richtung der gestaltenden Kräfte als solche, wonach sich dieser Sinn bestimmt.«[108]

Edmund Husserl (1859–1938) hat in kritischer Absicht untersucht, wie unsere Weltkonstruktion medial geprägt ist. Er

105 | Ernst Cassirer, Form und Technik, a.a.O., S. 78

106 | Ebd., S. 84

107 | Ebd.

108 | Ebd., S. 67

sieht hier die grundlegende »Krisis der europäischen Wissenschaften«. Als Wesen der Konstruktion als objektiver Gestaltbestimmung sieht er die beständige Steigerung der sinnlichen »Fülle« der empirischen Gestalten hin zu Idealen, zu »Limesgestalten« qua »Approximation«.[109] So entwickelte sich aus dem Instrument der Geometrie als Versuch eindeutiger Bestimmung der sinnlichen Umwelt die reine Geometrie, welche suggeriert, dass die nach ihr erzeugte Welt die subjektiven Auffassungen überwunden habe, die der empirisch-anschaulichen Welt wesentlich sind. Analoges gilt für die reine Mathematik als Arithmetik, welche von den Körpern und der körperlichen Welt abstrahiert und mit idealen Limesgestalten als abstrakten Gestalten der Raumzeitlichkeit zu tun hat. Und es gilt schließlich für die Algebra, welche erlaubt, funktionale Zusammenhänge in idealer Gestalt zu formulieren und die Substanzen in Funktionen zu überführen. Unter der jeweiligen Medialität wird Welt konstruiert, der die Lebenswelt abhanden gekommen ist. Die Rehabilitierung solcher Lebenswelt im Zuge einer transzendentalen Phänomenologie – als Versuch einer Überwindung der Haltung »für wahres Sein zu nehmen, was nur Methode ist«[110] – richtet sich kritisch auf die Methoden, als deren Urbild die technischen Maschinen ausfindig gemacht werden. Allerdings vergibt die Rehabilitierung sich in dieser Kritik der Chance, gerade die im Zuge des Technikeinsatzes ersichtlichen Phänomene der Widerständigkeit für eine Analyse der Lebenswelt relevant zu machen. Dann erscheint Lebenswelt nämlich nicht mehr als aufzudeckendes Ursprüngliches, sondern als durch Arbeitsprozesse Gestaltetes, in deren Funktionalität wir befangen sind.

Einzig ein ›Medienpragmatismus‹, der seinen Ausgang von einer Reflexion über das Handeln nimmt und sich hierbei der aufgezeigten Wechselbeziehung zwischen der Annahme bzw. Anerkennung von Regeln und ihrer Befolgung bzw. Aktualisierung vergewissert, kann sich jener Alternativen entheben.

Bevor wir – vorschnell optimistisch – unter dieser Perspektive nach Lösungen suchen, ist im Blick auf die modernen Informationstechnologien allerdings eine kritische Relativierung an-

Verlust der
Wirklichkeit

---

109 | Edmund Husserl, Die Krisis der europäischen Wissenschaften und die transzendentale Phänomenologie, Ausgabe Ströker, Hamburg 1983, S. 28

110 | Ebd., S. 54 f.

gebracht. Der Stand dieser Technologien erlaubt, dass wir mit konzeptualisierten Modellen, z. B. mit in einem Rechner präsentierten Welt- oder Weltausschnittsmodellen, in Interaktion treten können. Diese Interaktion ist von den Interagierenden nicht von derjenigen im Rahmen natürlichen Handelns zu unterscheiden. Daher können uns die Modellwelten als Wirklichkeit erscheinen.[111] In einer solchen Situation wird in der Tat die Medialität qua Modellhaftigkeit zur Botschaft.[112]

Medien-pragmatismus Ein Medienpragmatismus knüpft bei der Vorstellung der Bewährtheit von Mitteln an.[113] Im Konzept der Bewährtheit ist die intentionale Komponente (Bewährtheit wozu?) bereits mit derjenigen einer äußeren Welt verschränkt, die hierfür die hinreichenden Bedingungen abgibt. Die Entstehung von Weltbildern beruht auf der Erfahrung von Stabilitäten, Invarianzen und Ähnlichkeiten. »Ob das Ganze unseres Erkennens überhaupt wahr oder falsch ist, das ist [...] nicht theoretisch auszumachen, sondern nur nach der Nützlichkeit oder Schädlichkeit des daraufhin erfolgten Handelns [...]. Daß ein Wille seinen Zweck erreicht [...], hängt nicht daran, daß die Vorstellung, von der er ausgeht, sich inhaltlich mit der Realität deckt, auf die er sich richtet; sie muß vielmehr nur eine Kraft entwickeln, die durch die mannigfaltigsten Umsetzungen [...] in ein subjektiv befriedigendes oder objektiv förderliches Resultat ausläuft.«[114] Diese pragmatische Maxime impliziert, dass ein Objekt zu erkennen nicht bedeutet, »es abzubilden«, sondern, auf es einzuwirken. Es bedeutet, Transformationssysteme zu konstruieren, die sich an oder mit diesem Objekt ausführen lassen. Diese Transformationssysteme sind »mögliche isomorphe Modelle, unter denen zu wählen die

111 | Siehe dazu in diesem Band S. 10 f.

112 | Vgl. Elena Esposito, Fiktion und Virtualität, in: Sybille Krämer (Hg.), Medien, Computer, Realität, a. a. O., S. 269–298; dies., Illusion und Virtualität, in: Werner Rammert (Hg.), Soziologie und künstliche Intelligenz, Frankfurt/M. 1996

113 | Vgl. Marshall McLuhan, Die magischen Kanäle, Düsseldorf, Wien 1988, S. 13–28

114 | Georg Simmel, Über eine Beziehung der Selectionslehre zur Erkenntnistheorie, in: Archiv für systematische Philosophie I/2. Abteilung des Archivs für Philosophie, Berlin 1895, S. 34–45

Erfahrung befähigen kann.«[115] Invarianzen oder Erhaltung oder Konstanz ermöglichen Wahrnehmung und bilden sich nach Maßgabe ihres funktionalen Bezugs auf die Zielgröße oder Sollgröße bzw. deren Defizienz – im elementaren Sinne Lust und Unlust zu empfinden. Gegenstände konstituieren sich als »Bewegungsinvarianten«, und die Einsicht in Kausalzusammenhänge für absichtsvolles Handeln ist durch Invariantenwahrnehmung begründet, nämlich als »Invarianz zeitlicher Muster« gegenüber Zeittranslationen.[116] Erkenntnis ist intentionale Konstruktion, nämliche wertende Selektion materialer Reize im Blick auf Bedürfnis- bzw. Interessenbefriedigung. Nach Maßgabe der Stabilität wird der Modellcharakter wahrgenommener Gegenstände als Elemente von Kausalzusammenhängen resp. Mitteln gestärkt oder geschwächt. Und diese Stabilität ist ihrerseits funktional bestimmt. In der berühmten Formulierung von Charles Sander Peirce (1839–1914) fordert die pragmatische Maxime auf »zu überlegen, welche Wirkungen, die denkbarerweise praktische Relevanz haben können, wir dem Gegenstand unseres Begriffs in unserer Vorstellung vorschreiben. Dann ist unser Begriff dieser Wirkungen das Ganze unseres Begriffes des Gegenstandes.«[117] Auch hier wird der oben erwähnte Zusammenhang zwischen Mittelbegriff und Handlungsmittel wieder augenfällig.

Nelson Goodman (1906–1998) hat die Abhängigkeit unserer Weltauffassung von den Beschreibungssystemen herausgearbeitet. Wir »erzeugen« die Phänomene zusammen mit unseren Weltversionen, deren Strukturen diejenigen der Beschreibungssysteme sind. »Das Erschaffen ist (aber) ein Umschaffen«[118], weil wir die Phänomene in einem beständigen Abgleich zur Herstellung von »Überlegungsgleichgewichten« auf unsere Weltversionen beziehen.[119] Sein Pragmatismus ist in gewisser Hinsicht eindimen-

115 | Jean Piaget, Einführung in die genetische Erkenntnistheorie, Frankfurt/M. 1973, S. 23

116 | Olaf Dittrich, Kognitive, organische und gesellschaftliche Evolution, Berlin, Hamburg 1989, S. 25

117 | Charles Sander Peirce, Collected Papers, Bristol 1931–1958, vol. 5, p. 402; vgl. auch vol. 8, p. 191

118 | Nelson Goodman, Weisen der Welterzeugung, Frankfurt/M. 1984, S. 19

119 | Ders., Tatsache, Fiktion, Voraussage, Frankfurt/M. 1975, S. 86 f., S. 120 ff.

sional: Instanz und Schiedsrichter im Abgleichprozess ist die ›Gewohnheit‹, die entweder auf einer sicheren Anerkennungsbasis ruht oder in Frage gestellt wird. Die Reflexion der Herausbildung von Gewohnheiten bzw. der Gründe, unter denen wir Gewohnheiten opfern, ist kein Thema seiner analytischen Philosophie. Derartige Überlegungen will er dem ›Markt‹ oder der Spekulation überlassen.

Die dialektische Einheit zwischen Modellen als Realisaten und Modellen als Konzepten findet sich in einer Konstruktion von Invarianz, die beständig getestet wird: Die Bewegung dieser Konstruktion resultiert aus den Widerstandserfahrungen. Was wären denn auch die Alternativen?

Reduktionistische Strategien reproduzieren die aufgezeigten Dualismen in einer jeweils einseitigen Festlegung. Der in diesen Strategien erstrebte Abbau des Medialen soll entweder als Abbau materialer Medialität (so in der Tradition der Mystik), oder als Abbau konzeptualer Medialität erfolgen (so im Naturalismus, aber auch in einem Physikalismus unter entsprechenden Sinnkriterien oder in Heideggers später Philosophie einer Beseitigung ontologischer Differenz und Rückversetzung des Subjekts in seinen ontischen Status). »Es bleibt dann keine Frage mehr, und dies ist die Antwort«[120], so Ludwig Wittgenstein (1889–1951). Das Philosophieren wird paradox, schafft sich selbst ab und endet in der Geste, die auf das Seiende und die ›Existenz‹, das ›Gestell‹ oder die ›Spur‹ verweist, in der Hoffnung, dass dieser Verweis evident ist. Die Vielfalt konkurrierender Verweise dieser Art zeugt vom Gegenteil.

Eine zweite Strategie, jeweils kohärente Tripel Mittel/Medium/Modell nach Maßgabe von *Privatontologien* zu modellieren, verfängt sich im Pluralismus dogmatischer Begründungen eines Medienmaterialismus (bis hin zu Luhmann), eines Medienidealismus (etwa bei Cassirer) etc. und bestärkt in diesem Pluralismus ungewollt einen naiven Konstruktivismus in diesem Diskussionsfeld. Fazit: *Anything goes.*

Ein *pragmatischer Perspektivismus* – der vom Modell zweckrationalen Handelns ausgeht und das Problemfeld nach Bedingungen der Ermöglichung des Handelns (Medialität), nach Bedingungen der Verwirklichung des Handelns (Mittel) und ent-

---

120 | Ludwig Wittgenstein, Tractatus logico-philosophicus, Frankfurt/M. 1982 [1921], Satz 6.52

sprechend nach einem doppelten Modellbegriff (Modell als Mittel und/oder Medium) sortiert, hierbei ferner Höherstufigkeiten des Bestimmens berücksichtigt und dabei auf unterschiedlichen Ebenen unterschiedliche Zuweisungen vornehmen kann – ist eine Strategie, die den Suchraum nicht zerstört oder vorschnell restringiert. Ein und dasselbe kann Mittel, Medium oder Modell sein (So lässt sich ein konkretes Haus als Mittel zum Wetterschutz, als Medium des Wohnens und als Modell eines Weltverhältnisses begreifen). Die Unterscheidung zwischen Mittelhaftigkeit und Medialität lässt sich allerdings nicht auf eine klassifikatorische Unterscheidung zwischen Handlungen als *poieseis* oder Praxen übertragen. Denn auch Praxen als Vollzüge einer So-und-so-Lebensführung als Selbstzweck (z.B. Wohnen im Medium des Hauses) bedürfen eines bestimmten Mitteleinsatzes zur Realisierung dieses Zwecks (Bauen), und jeglicher Mitteleinsatz (z.B. die Verwendung bestimmter Materialien) wird neben seiner konkreten Zweckrealisierung nach Maßgabe jenes Selbstzwecks der Lebensführung validiert (im Blick auf die Spuren, die jener Mitteleinsatz im Wohnen hinterlässt).

Epilog | Die unterschiedliche Akzentuierung in den Konzepten von Mittel/Medium/Modell wurzelt in einer unterschiedlichen Fassung von Vermittlung und Mittel, die sich bis in die Mythen mit ihrer Grundfigur eines Verlustes von Einheit und Unmittelbarkeit einerseits und ihrer Kompensation durch Vermittlung andererseits zurückverfolgen lässt (»Die Mitte ist überall«).[121] Die Figur oder das Bild eines Mittlers zwischen den beiden auseinandergefallenen Sphären des Geistes bzw. der Konzeptualisierung bzw. des tätigen *Prinzips* und der Welt des Getätigten findet sich im Mythos in ähnlicher Doppelung wie gezeigt:

Im Modus der Inkarnation, Verkörperung, Instanziierung Inkarnation wird die Vermittlung als *reale Entität* gedacht, die die Differenz der beiden Sphären und den Umgang mit dieser Differenz als tätige Überbrückung exemplifiziert. In den Trinitätskonstruktionen der Mythen und ihren Säkularisierungen finden sich die einschlägigen Erlöserfiguren bis hin zur Epochalisierung der Weltgeschichte gemäß den Mittlerfiguren Sokrates, Jesus, Spinoza in den Anfängen der Philosophiegeschichtsschreibung, ferner in

---

121 | Siehe Fußnote 2 in diesem Band.

der Fassung der vermittelnden Subgötter als Verkörperungen unterschiedlicher Werkzeuge in der ägyptischen Mythologie (Cassirer), aber auch im Konzept von Sprache als Fleischwerdung des *logos* (Walter Benjamin) – schließlich, kulturkritisch gewendet, in Überlegungen zum Fetisch (vs. Zeichen) als Verkörperung einer Erlösung, z.B. der Fetischcharakter des Geldes oder der Ware. Auch unter der Vorstellung einer ›Himmelsleiter‹ und den hiervon abgeleiteten Weltmodellen wurde diese entsprechend nicht als Zeichen für ein bestehende Vermittlung, sondern als Realisierung dieser Vermittlung gedacht.

Boten | Im Unterschied hierzu findet sich die Denkfigur der Vermittlung auch in der Gestalt von Boten ausgedrückt, z.B. Engel, Propheten, Subgötter, die von der Möglichkeit der Vermittlung als Konzept künden und paradigmatische Botschaften im Modus von Zeichen und Modellen im Sinne von Konzepten *vorstellen*, also nicht die Vermittlung *sind*, sondern *für* die Vermittlung *stehen*, auf sie verweisen, von ihr künden. Sie transportieren einen *logos*, der selbst unsichtbar bleibt und in Bildern und Zeichen ausgedrückt, mithin so in seiner Medialität erst vorstellbar werden soll.

Auch eine höherstufige Vermittlung zwischen beiden Auffassungen wird in bestimmten mythischen Bildern (Vorahnungen) und ihren Säkularisierungen ersichtlich, allerdings – und das überrascht nun nicht mehr – angesichts der vielfach diskutierten Doppelung des Mittels und der Medialität. So in dem Bild, dass die Boten auf der Himmelsleiter auf- und niedersteigen, also eine materielle Medialität, die konzeptuelle Medialität bedingt, oder in dem umgekehrten Bild, dass nach Maßgabe von Konzeptualisierungen (etwa in den Kunstmythen der parmenideisch-platonischen Tradition) unsere Vermittlungsreise auf den Weg gebracht werden kann. Jener Dualismus durchzieht auch Kunsttheorien, die im Kunstwerk entweder eine *Verkörperung* der Vermittlung oder eine *Verweisungs*instanz sehen.[122]

Einwände | Abschließend sind zwei Einwände zu erörtern, die im Raum stehen bleiben, weil sie m.E. nicht hintergangen werden können: Zur Klärung des ›Wesens‹ von ›Mittel‹ eignen sich unsere Überlegungen insofern nicht, als das zugrundegelegte Hand-

---

122 | Hierzu ausführlicher: Christoph Hubig, Die Mittlerfigur aus philosophischer Sicht, in: Günter Abel (Hg.), Wissenschaft und Transzendenz, Berlin 1992, S. 49–57

lungskonzept selbst schon technomorph ist, also den Mittelbegriff voraussetzt. Dies verweist auf die Unhintergehbarkeit des Technischen im weitesten Sinne (nicht bloß der *poiesis*), das nicht seinerseits auf anthropologischer oder sonstiger Basis geklärt werden kann, sondern das umfassende Modell für theoretische und praktische Welterschließung überhaupt ausmacht. Ferner ließe sich ein Denken, das sich als Reflexionsbewegung in Höherstufigkeiten bewegt, selbst auf ein Modell verweisen, welches das Mittel der Leiter medial als symbolische Form fasst, von der es sich selbst als Spur und Instanziierung begreifen müsste. Wir kommen aus diesen Zirkeln im Modus des *Denkens* nicht heraus.

Intellektual- und Realtechnik sind allerdings nicht die einzigen Zugänge einer Welterschließung oder einer Konstitution von Weltverhältnissen. Auf dem Feld der Kunst und dem Modus einer ästhetischen Rezeption von Form*spielen*, die von einer Aura als vorgeführtem Wechselverhältnis von Nähe und Ferne (Walter Benjamin, György Lukács, Leo Popper)[123], der Wirklichkeit von Ereignissen und deren Entzug zu Gunsten anderer möglicher Ereignisse geprägt ist, führt sich ein Andersseinkönnen als *Bewegung* der jeweiligen Bindungen zwischen Ich und Welt vor, ein Andersseinkönnen, welches nicht als Gegenstand eines Wunsches auf einer Widerstandserfahrung der Welt basiert, des Nicht-Gelingens also, und insofern zumindest als Provokation zu einer Überwindung der technomorphen Restriktionen unseres Denkens geeignet scheint. Denker unterschiedlicher Provenienz verweisen auf diese ästhetische Exemplifikation der Spielräume für Formbildung (so auch Cassirer). »Allerdings bleibt dann hier in der Tat keine *begrifflich* zu artikulierende Frage mehr«.[124]

Kunst

---

123 | Vgl. Christoph Hubig, Kunst als Anwalt heuristischer Vernunft. Über die Möglichkeit der Kunst und die Kunst des Möglichen, in: F. Koppe (Hg.), Perspektiven der Kunstphilosophie. Texte und Diskussionen, Frankfurt/M. 1991, S. 133–146 sowie 344 ff.

124 | Ludwig Wittgenstein, Tractatus logico-philosophicus, a.a.O., Satz 6.52

Literatur

Dieses Verzeichnis umfasst in der Regel grundlegende und weiterführende Literatur.

Cassirer, Ernst: Form und Technik, in: ders., Symbol, Technik, Sprache, Hamburg 1985

Dewey, John: Erfahrung und Natur, Frankfurt/M. 1995
— Kunst als Erfahrung, Frankfurt/M. 1980

Hegel, Georg Wilhelm Friedrich: Phänomenologie des Geistes, Hamburg 1952
— Wissenschaft der Logik, Ausgabe Lasson, Bd. 2, Hamburg 1969
— Grundlinien der Philosophie des Rechts, Ausgabe Hoffmeister, Hamburg 1955

Heidegger, Martin: Sein und Zeit, Tübingen 1967

Hubig, Christoph: Dialektik und Wissenschaftslogik. Eine sprachphilosophisch-handlungstheoretische Analyse, Berlin, Heidelberg, New York 1978
— Technik- und Wissenschaftsethik. Ein Leitfaden. Berlin, Heidelberg, New York 1993, 2., überarb. Aufl. 1995
— Technologische Kultur, Leipzig 1997

Janich, Peter: Die Struktur technischer Innovationen, in: Dirk Hartmann/Peter Janich (Hg.), Die kulturalistische Wende, Frankfurt/M. 1998

König, Josef: Vorträge und Aufsätze, Freiburg/Br. 1978

Krämer, Sybille: Das Medium als Spur und als Apparat, in: dies. (Hg.), Medien, Computer, Realität, Frankfurt/M. 1987

Marx, Karl: Das Kapital, Bd. 1, in: Marx-Engels-Werke, Bd. 23, Berlin 1959

Einsichten. Themen der Soziologie

Bisher erschienen:

Sabine Maasen
Wissenssoziologie

1999, 94 Seiten,
kart., 10,50 €,
ISBN: 3-933127-08-4

Volkhard Krech
Religionssoziologie

1999, 100 Seiten,
kart., 10,50 €,
ISBN: 3-933127-07-6

Uwe Schimank,
Ute Volkmann
**Gesellschaftliche
Differenzierung**

1999, 60 Seiten,
kart., 9,00 €,
ISBN: 3-933127-06-8

Raimund Hasse,
Georg Krücken
Neo-Institutionalismus

1999, 86 Seiten,
kart., 10,50 €,
ISBN: 3-933127-28-9

Urs Stäheli
**Poststrukturalistische
Soziologien**

2000, 88 Seiten,
kart., 10,50 €,
ISBN: 3-933127-11-4

Klaus Peter Japp
Risiko

2000, 128 Seiten,
kart., 12,00 €,
ISBN: 3-933127-12-2

Theresa Wobbe
Weltgesellschaft

2000, 100 Seiten,
kart., 10,50 €,
ISBN: 3-933127-13-0

Ludger Pries
Internationale Migration

2001, 84 Seiten,
kart., 9,50 €,
ISBN: 3-933127-27-0

Gunnar Stollberg
Medizinsoziologie

2001, 100 Seiten,
kart., 10,50 €,
ISBN: 3-933127-26-2

Martin Endreß
Vertrauen

Februar 2002, 110 Seiten,
kart., 10,50 €,
ISBN: 3-933127-78-5

Paul B. Hill
Rational Choice Theorie

Februar 2002, 92 Seiten,
kart., 9,50 €,
ISBN: 3-933127-30-0

**Leseproben und weitere Informationen finden Sie unter:
www.transcript-verlag.de**

Einsichten. Themen der Soziologie

Bisher erschienen:

Jörg Dürrschmidt
Globalisierung

April 2002, 132 Seiten,
kart., 12,00 €,
ISBN: 3-933127-10-6

Stefanie Eifler
Kriminalsoziologie

April 2002, 108 Seiten,
kart., 10,50 €,
ISBN: 3-933127-62-9

Thomas Kurtz
Berufssoziologie

Juni 2002, 94 Seiten,
kart., 10,50 €,
ISBN: 3-933127-50-5

Beate Krais
Gunter Gebauer
Habitus

August 2002, 94 Seiten,
kart., 10,50 €,
ISBN: 3-933127-17-3

Thomas Faist
**Transstaatliche
Gemeinschaften**

Oktober 2002, ca. 100 Seiten,
kart., ca. 10,50 €,
ISBN: 3-933127-35-1

Begleit-CD-ROM zur Reihe:

transcript Verlag (Hg.)
Einsichten - Vielsichten
Lesewege und Interviews zu
Themen der Soziologie

2001, 150 Seiten, ca. 200 Min. Audio,
CD-ROM, Schutzgebühr 2,50 €,
ISBN: 3-933127-79-3

Leseproben und weitere Informationen finden Sie unter:
www.transcript-verlag.de